多元化人力资源管理策略探析

韩景林　王光亮　廖洪雁　主编

哈尔滨出版社
HARBIN PUBLISHING HOUSE

图书在版编目（CIP）数据

多元化人力资源管理策略探析 / 韩景林，王光亮，廖洪雁主编 . -- 哈尔滨 : 哈尔滨出版社，2025. 3.

ISBN 978-7-5484-8462-2

Ⅰ . F243

中国国家版本馆 CIP 数据核字第 2025PN0917 号

书　　名：多元化人力资源管理策略探析
DUOYUANHUA RENLI ZIYUAN GUANLI CELÜE TANXI

作　　者：韩景林　王光亮　廖洪雁　主编
责任编辑：赵志强
封面设计：刘梦杳

出版发行：哈尔滨出版社（Harbin Publishing House）
社　　址：哈尔滨市香坊区泰山路82-9号　　邮编：150090
经　　销：全国新华书店
印　　刷：北京鑫益晖印刷有限公司
网　　址：www.hrbcbs.com
E-mail：hrbcbs@yeah.net
编辑版权热线：(0451)87900271　87900272

开　　本：787mm × 1092mm　1/16　　印张：11.75　　字数：198千字
版　　次：2025 年 3 月第 1 版
印　　次：2025 年 3 月第 1 次印刷
书　　号：ISBN 978-7-5484-8462-2
定　　价：58.00 元

编委会

主　编　韩景林　王光亮　廖洪雁

副主编　苏晓庆　赵媛媛　薛翔芸

编　委　李思茹

前言

在当今全球化进程加速、科技迅猛发展的时代背景下，各类企业面临着前所未有的复杂环境与激烈竞争。人力资源，作为企业最为关键且富有活力的核心资源，其管理模式的创新与优化成为企业实现可持续发展的重中之重。多元化人力资源管理理念顺势而生，它不仅是应对多元文化交融、人才结构变迁的必然要求，更是企业激发创新潜能、提升综合竞争力的重要依托。

本书致力于深入剖析多元化人力资源管理的多方面内容，从基础构建的关键环节入手，深入与企业文化的协同塑造过程，从应对多元文化背景下的种种挑战，到具体的招聘、培训、激励等策略的有效施行，均进行了全面且系统的探讨。旨在为企业管理者、人力资源从业者以及相关研究人员打造一个全面且极具实践指导意义的参考框架，助力其在多元化的浪潮中精准把握人力资源管理的核心要点。

考虑到人力资源管理领域的宽泛性与复杂性，加之多元化概念本身的多维度特性，尽管笔者在写作过程中全力以赴，但书中或许仍存在一些不足之处，还望读者多多包涵并给予指正。期望借由本书的出版，能够引发更多关于多元化人力资源管理的深入思考与广泛讨论，为推动这一领域的理论进步与实践发展贡献一份心力。

在多元化人力资源管理与高校毕业生就业关联的部分，本书着重对高校毕业生就业的总体态势、不同专业毕业生的就业差异以及影响毕业生就业的各类因素展开深入分析。随着高等教育的普及，高校毕业生数量持续增长，其就业状况成为社会各界关注的焦点。深入探究两者之间的内在联系，有助于各类企业更好地吸纳优秀毕业生人才，也能为高校的人才培养工作提供有益借鉴，更为毕业生自身的职业发展提供切实的指引。愿本书能在这一重要议题上为各方带来有益的思路与启发，共同促进高校毕业生就业与人力资源管理的良性互动与协同发展。

目录

第一章　多元化人力资源管理的基础构建

第一节　精准的人才画像绘制

一、人才画像的内涵与构成要素

人才画像，是企业基于岗位需求，通过对岗位所需人才的多维度特征进行抽象概括而形成的一种具象化描述。它犹如一幅生动的人物素描，精准勾勒出能在特定岗位上发挥出色效能的理想人才形象，为企业的人才选拔、招聘、培养等一系列人力资源管理活动提供清晰明确的导向。

其构成要素丰富多样，涵盖了基本信息、知识技能、能力素质、性格特质、工作经验以及价值观等多个层面。例如，对于一个软件开发岗位，基本信息可能包括学历要求、年龄范围等；知识技能要求熟练掌握至少一种主流编程语言，熟悉数据库管理系统；能力素质方面需具备较强的逻辑思维能力、问题解决能力和团队协作能力；性格特质倾向于耐心细致、有责任心且乐于学习新知识；工作经验要求有 3 ~ 5 年相关项目开发经验；价值观层面注重创新、诚信以及对质量的追求。

基本信息是人才画像的基础框架，它能初步筛选出符合岗位基本门槛的候选人。知识技能则是岗位工作开展的直接工具，决定了人才能否迅速上手并胜任工作。能力素质是人才在面对复杂工作情境时展现出的综合能力，关乎工作效率与成果质量。性格特质影响着人才与团队成员的相处模式以及在工作压力下的表现。工作经验能够反映人才对特定行业或岗位的熟悉程度和实践能力。价值观则是人才与企业长期合作的内在驱动力，确保双方在理念上的契合与协同发展。

二、绘制人才画像的方法与步骤

（一）开展岗位分析

深入了解岗位的职责、工作任务、工作流程以及所需的工作环境等内容。这可以通过多种方式实现，如与在职人员进行深度访谈，了解他们日常工作的细节、面临的挑战以及需要具备的技能和知识；观察岗位实际工作场景，直观感受工作的操作流程和协作要求；对岗位相关的工作文档进行分析，如岗位说明书、操作手册等，从中提取关键信息。例如，在分析市场营销经理岗位时，通过与现任经理交流，发现其需要频繁与不同部门沟通协调制订营销方案，还要深入市场调研分析竞争态势，这就要求出色的沟通能力、市场洞察力以及数据分析能力等特点在人才画像中得以体现。

在岗位分析过程中，与在职人员的访谈需要精心设计问题，不仅要关注他们日常的工作内容，还要探究他们在工作中遇到的瓶颈以及解决问题所运用的独特技能和经验。例如，询问他们在跨部门合作中最常遇到的阻力是什么，以及如何克服这些阻力，从而明确在人才画像中对于沟通协调能力的具体要求，如擅长倾听、能够灵活调整沟通策略以适应不同部门的工作风格等。观察岗位实际工作场景时，要留意工作的节奏、任务的紧急程度以及工作环境中的团队氛围等因素。比如，在一个快节奏的广告创意岗位观察中，发现团队成员经常需要在短时间内提出多个创意方案，这就要求人才具备快速思维、抗压能力以及丰富的创意灵感来源，这些特点都应纳入人才画像。对岗位相关工作文档的分析，要注重挖掘文档背后隐藏的工作要求和规范。例如，在分析一份详细的项目策划书模板时，可以了解到市场营销经理需要具备严谨的逻辑思维和结构化的思维方式，以便组织和呈现复杂的营销计划，这也是人才画像中能力素质的重要组成部分。

（二）确定关键绩效指标（KPI）

依据岗位分析结果，确定能够衡量岗位工作绩效的关键指标。这些指标应与企业战略目标紧密相连，具有可量化、可评估的特点。以销售岗位为例，其 KPI 可能包括销售额完成率、新客户开发数量、客户满意度等。通过明确 KPI，能够进一步明确岗位所需人才应具备的能力和素质，如为了达到较高的销售额完成率，销售人员需要具备卓越的销售技巧、客户关系管理能力以及强大的抗压能力等。

确定 KPI 时，要充分考虑企业的长期发展战略和短期业务目标。对于一家处于市场拓展阶段的企业，销售岗位的新客户开发数量可能权重较高；而对于注重客户口碑和品牌形象的企业，客户满意度则会成为关键指标。以一家新兴的科技企业为例，其战略目标是迅速扩大市场份额，那么销售岗位的 KPI 除了上述提到的指标外，还可能包括市场占有率的提升幅度。为了实现市场占有率的提升，销售人员不仅要善于开拓新客户，还需要深入了解市场动态和竞争对手情况，具备市场分析和战略布局的能力，这些能力要求应在人才画像中得到充分体现。同时，KPI 的设定要具有一定的灵活性和动态性，随着市场环境和企业发展阶段的变化及时进行调整。例如，在经济不景气时期，企业可能会适当降低销售额目标，而将重点放在客户关系维护和客户忠诚度提升上，相应地，人才画像中的能力侧重点也会发生变化，更加注重客户服务能力和危机公关能力。

（三）收集数据与信息

广泛收集与岗位相关的数据和信息，包括行业标准、市场趋势、竞争对手的人才需求等外部信息，以及企业内部的业务数据、员工绩效数据、文化特点等。这些数据和信息将为人才画像的绘制提供丰富的素材和依据。例如，通过分析行业报告了解到同行业对于某一专业岗位的热门技能需求，企业可以据此调整自身人才画像中知识技能的要求；参考竞争对手的招聘信息，发现其对人才创新能力的高度重视，企业可在自身人才画像中强化创新思维的相关要素。

在收集外部数据时，可以订阅专业的行业研究报告、参加行业研讨会和论坛、与同行机构进行交流合作等。例如，一家金融机构可以参加每年的金融峰会，在峰会上获取关于金融科技发展趋势、监管政策变化等信息，了解到随着金融科技的兴起，金融风险管理岗位需要增加对大数据分析和人工智能技术应用的知识技能要求，从而及时更新人才画像。收集企业内部数据时，要深入挖掘员工绩效数据背后的原因。比如，分析高绩效员工的绩效评估记录、培训经历、晋升路径等，总结出他们成功的关键因素，将这些因素融入人才画像中。例如，发现企业内部高绩效的项目管理人员都具备良好的时间管理能力和团队激励能力，那么在项目管理岗位的人才画像中就应突出这些能力要求。同时，要结合企业文化特点，确保人才画像与企业文化相契合。如果企业强调团队合作和创新文化，那么人才画像中的性格特质和价值观就应体现出善于合作、勇于创新的特点。

（四）构建人才画像模型

基于前面收集的数据与信息，运用合适的工具和方法构建人才画像模型。常见的方法包括行为事件访谈法（BEI）、问卷调查法、专家小组讨论法等。通过行为事件访谈法，可以深入挖掘优秀员工在过去工作中的成功案例和关键行为，从而提炼出岗位所需的核心能力素质；问卷调查法可以广泛收集企业内部不同层级员工对岗位人才需求的看法和建议，使人才画像更具全面性和代表性；专家小组讨论法则借助企业内部资深专家和外部行业专家的经验与智慧，对人才画像进行深入研讨和优化，确保其准确性和前瞻性。

在运用行为事件访谈法时，要精心挑选访谈对象，包括高绩效员工和普通员工，以便进行对比分析。例如，在构建机构培训师的人才画像时，对高绩效培训师进行访谈，了解到他们在课程设计过程中会深入调研学员需求，运用多种教学方法激发学员兴趣，并且能够根据学员反馈及时调整教学策略。这些行为表现反映出培训师应具备需求分析能力、教学设计能力、课堂掌控能力和反馈处理能力等核心素质，从而构建出培训师岗位的人才画像模型。问卷调查法的设计要科学合理，问题涵盖岗位的各个方面，如工作内容、能力要求、性格特点等。例如，针对机构研发岗位设计问卷，询问员工认为研发人员最重要的技术技能、是否需要具备跨学科知识、在团队合作中应扮演何种角色等问题，通过对问卷结果的统计分析，完善研发岗位人才画像中的各项要素。专家小组讨论法中，专家的选择要具有权威性和代表性，包括企业内部的高层管理者、技术骨干以及外部行业协会的专家等。例如，在构建企业战略规划岗位的人才画像时，邀请企业的首席执行官、战略发展部经理、行业知名战略咨询专家等组成专家小组，共同探讨战略规划岗位所需的战略眼光、分析能力、决策能力、行业洞察力等关键要素，结合专家们的意见和建议，构建出精准且具有前瞻性的人才画像模型。

(五) 验证与优化人才画像

人才画像构建完成后，需要进行验证和优化。将人才画像应用于实际的招聘、选拔等人力资源管理活动中，观察其效果，收集反馈意见，根据实际情况对人才画像进行调整和完善。例如，在招聘过程中发现按照人才画像选拔出来的候选人虽然在知识技能方面符合要求，但在团队协作方面存在不足，导致入职后工作效率不高，此时就需要对人才画像中的性格特质和能力素质部分进行优化，加强对团队协作能力的考查和要求。

验证人才画像的有效性可以通过多种方式进行。一是对比新员工入职后的实际绩效与人才画像中预期的绩效水平。如果新员工在某些关键绩效指标上与预期相差较大，就需要深入分析原因，看是否是人才画像在某些能力或素质要求上存在偏差。例如，招聘了一名市场营销专员，人才画像中强调了其具备较强的社交媒体营销能力，但入职后发现该员工在传统线下营销活动的策划和执行方面表现欠佳，影响了整体营销效果，这就提示可能需要在人才画像中补充对线下营销能力的要求。二是收集用人部门和新员工的反馈意见。用人部门可以直接感受到新员工是否能够满足岗位工作需求，新员工则可以从自身适应岗位的角度提出看法。例如，用人部门反映新招聘的软件测试员虽然技术能力过关，但在沟通问题和反馈测试结果时不够清晰及时，影响了开发团队的工作进度，这就需要在人才画像中对沟通能力的要求进行细化和强化。根据验证结果对人才画像进行优化时，要综合考虑各方面因素，确保调整后的人才画像更加科学合理、符合实际工作需求，从而不断提高人才选拔和管理的精准度和有效性[①]。

三、人才画像在多元化人力资源管理中的应用

人才画像的绘制在多元化人力资源管理中具有极为重要的地位和作用。通过精准的人才画像绘制，企业能够在复杂多变的市场环境和日益激烈的人才竞争中，更有效地吸引、选拔、培养和留住符合企业战略发展需求的多元

---

① 严海霞. 基于数据分析的高潜人才画像构建及其作用分析 [J]. 今日财富, 2020(16):105-106.

化人才，为企业的持续稳定发展奠定坚实的人才基础。

（一）在招聘选拔中的应用

1. 提升招聘信息吸引力与针对性

人才画像使招聘信息的撰写更加精准且富有吸引力。企业能够依据画像中的详细要求，突出岗位的独特卖点和关键职责，吸引到真正符合岗位需求且对该岗位有强烈兴趣的候选人。例如，一家专注于人工智能研发的企业在招聘算法工程师时，根据人才画像展示出“将参与前沿的人工智能算法研究项目，与国际顶尖科研团队合作，运用大数据处理和深度学习技术解决复杂的行业难题，要求具备数学、计算机科学等相关专业博士学位，精通Python等编程框架，在顶级学术期刊发表过相关论文者优先”等信息。这样的招聘信息不仅明确了岗位的高标准和专业性，也向潜在候选人传达了企业在该领域的深厚实力和远大抱负，从而吸引到那些在算法研究领域有深厚造诣且渴望在前沿项目中一展身手的优秀人才。

在如今竞争激烈的人才市场中，这种精准且富有吸引力的招聘信息能够帮助企业在众多招聘者中脱颖而出。与泛泛而谈的招聘信息相比，基于人才画像的招聘信息能够让候选人更快速地判断自己与岗位的契合度，减少不必要的求职申请和企业的筛选成本。同时，它也有助于企业树立在特定领域专业、高端的雇主形象，吸引到行业内顶尖的人才，为企业的技术创新和业务发展注入强大动力。

2. 优化简历筛选流程

在面对海量简历时，人才画像为简历筛选提供了清晰的筛选框架。招聘人员可以迅速对照画像中的基本信息、知识技能、工作经验等要素，快速排除明显不符合要求的简历，将更多时间和精力集中在与画像匹配度较高的候选人身上。例如，对于一个金融风险管理岗位，人才画像规定了需要具备金融、数学、统计学等相关专业硕士以上学历，拥有5年以上银行、证券等金融机构风险管理工作经验，熟练掌握风险模型构建与评估工具。招聘人员据此可以快速筛选出具备相关学历背景、工作年限以及专业技能的候选人简历，大大提高了简历筛选的效率和准确性。

随着互联网招聘的普及，企业收到的简历数量呈爆炸式增长。如果没有一个明确的筛选标准，招聘人员很容易陷入复杂的简历审阅中，且难以保证筛选结果的质量。人才画像的应用使得简历筛选过程更加科学化、系统化。它能够帮助招聘人员在短时间内识别出那些具备基本岗位资质的候选人，避免因人为疏忽或主观判断而遗漏优秀人才，同时也能有效排除那些明显不符合要求的简历，节省大量的时间和精力，使招聘工作能够更加高效地推进。

3. 精准面试评估

面试环节中，人才画像成为面试官评估候选人的重要指南。面试官可以根据画像中的能力素质、性格特质等要求，设计有针对性的面试问题和评估标准，深入考查候选人的综合素质是否与岗位匹配。例如，在面试一个市场营销策划岗位时，依据人才画像中对创新思维和市场洞察力的要求，面试官可以提问“请分享一次你在市场策划中提出的创新性想法，并阐述其如何为项目带来独特的竞争优势”以及“请分析当前市场上某一热门产品的营销策略成功之处，并结合我们公司的产品提出你的见解”等问题。通过候选人的回答，面试官能够准确判断其是否具备人才画像所要求的创新能力和市场分析能力，从而为企业选拔出最适合岗位的人才，降低招聘失误的风险，减少因人员不匹配导致的人力成本浪费和业务延误。

精准的面试评估不仅有助于企业找到最符合岗位需求的人才，还能为企业带来其他诸多益处。在面试过程中，通过围绕人才画像展开深入交流，企业能够更好地了解候选人的职业动机、价值观以及团队协作风格等软素质，这些因素对于员工在企业中能否长期发展和融入团队至关重要。而且，基于人才画像的面试评估能够提高面试的专业性和有效性，使面试过程更加标准化、规范化，减少因面试官个人主观因素导致的评价偏差，确保招聘决策的公正性和客观性，为企业打造一支高素质、高绩效的员工队伍奠定坚实基础。

（二）在培训与发展中的应用

1. 精准定位培训需求

人才画像为企业精准定位员工培训需求提供了有力支持。通过将员工当前的能力素质与人才画像中的标准进行对比分析，能够清晰地发现员工在知识、技能、能力等方面的差距和不足，从而为制订个性化的培训方案提供依据。例如，一家制造企业的生产主管岗位人才画像要求具备精益生产管理理念、卓越的团队领导能力、熟练的生产流程优化技能以及良好的沟通协调能力。若某生产主管在团队领导能力和生产流程优化技能方面表现较弱，企业便可针对这些薄弱环节设计专门的培训课程，如领导力培训工作坊、生产流程优化实战培训等，帮助员工提升能力，逐步达到人才画像所设定的标准。

这种精准定位培训需求的方式，能够使企业的培训资源得到更有效的利用。避免了传统培训中“一刀切”的做法，即对所有员工提供相同的培训内容，而不顾及员工的个体差异和实际需求。通过人才画像的对比分析，企业能够将有限的培训资金、时间和师资力量集中投入到员工真正需要提升的领域，提高培训的针对性和实效性，加速员工的成长与发展，进而提升企业整体的运营效率和竞争力。

2. 规划个性化职业发展路径

人才画像也为员工的职业发展规划提供了清晰的方向指引。员工可以依据人才画像了解所在岗位的不同层级或发展阶段所对应的能力素质要求，明确自己的职业发展目标和努力方向。同时，企业也能够根据人才画像为员工制定个性化的职业发展路径，如内部晋升、岗位轮换等。例如，在一家科技机构中，软件工程师岗位的人才画像随着职级的提升，对技术深度、项目管理能力和团队协作能力等方面有着不同程度的要求。对于一名初级软件工程师，若其展现出较强的学习能力和团队协作意愿，机构可在其职业发展规划中安排一些小型项目的团队协作任务，同时提供技术进阶培训课程，帮助其逐步成长为中级软件工程师；当员工达到中级水平后，若其在项目管理方面表现出一定潜力，机构可考虑给予其担任项目小组负责人的机会，通过岗位轮换和相关管理培训，助力其向高级软件工程师或技术管理岗位发展。

规划个性化职业发展路径对于员工和企业都具有重要意义。对于员工而言，明确的职业发展路径能够激发他们的工作积极性和自我提升动力，使其在企业中有更强的归属感和忠诚度。员工能够清楚地看到自己在企业中的成长空间和发展前景，从而更加专注于自身能力的提升和职业目标的实现。对于企业来说，通过为员工规划合理的职业发展路径，可以更好地留住优秀人才，减少人才流失带来的损失。同时，员工在沿着个性化职业发展路径成长的过程中，能够不断为企业创造价值，提升企业的整体绩效，促进企业的可持续发展。

3. 促进员工能力多元化发展

在多元化人力资源管理的背景下，人才画像还能够促进员工能力的多元化发展。随着业务的不断拓展和市场环境的变化，企业对员工的能力要求也日益多元化。人才画像可以反映出岗位所需的多种能力要素，引导员工在专注于本职工作核心能力提升的同时，注重其他相关能力的培养。例如，对于一个市场调研岗位，人才画像除了要求具备专业的市场调研方法和数据分析能力外，还强调了沟通能力、创新思维和跨部门协作能力。员工在了解到这些要求后，会主动寻求机会提升自己在沟通、创新和协作方面的能力，如参加沟通技巧培训课程、参与跨部门项目团队等。这样不仅能够使员工更好地适应岗位的多元化需求，提升工作绩效，还能够为企业培养出一批具备多方面能力的复合型人才，增强企业在复杂多变市场环境中的应变能力和创新能力。

（三）在绩效管理中的应用

1. 设定科学合理的绩效目标

人才画像中的关键绩效指标（KPI）为绩效管理提供了核心评价标准。在绩效目标设定时，依据人才画像中的 KPI 为员工制定具体、可衡量、可达成、相关联、有时限的绩效目标。例如，对于销售岗位员工，按照人才画像中的销售额完成率、新客户开发数量等 KPI 设定季度和年度绩效目标，并将这些目标分解到每月、每周的具体工作任务中。以一家服装销售机构为例，根据销售岗位人才画像，设定季度销售额完成率目标为 80%，新客户开发数量为 50 个。为了实现这一目标，将季度目标分解为每月销售额完成率不低于 25%，新客户开发数量不少于 15 个，并进一步细化到每周的销售任务安排，如每周至少完成 3 笔新订单，开发 3 ~ 4 个新客户线索等。

科学合理的绩效目标设定能够使员工明确工作方向和重点，清楚地知道自己需要达到什么样的工作成果才能符合岗位要求。这种基于人才画像 KPI 的目标设定方式，使绩效目标与岗位的核心职责紧密相连，避免了绩效目标的盲目性和随意性。同时，将大目标分解为小目标的做法，有助于员工更好地规划工作进度，及时调整工作策略，提高工作效率和质量，确保企业整体业务目标的稳步推进。

2. 客观公正的绩效评估

在绩效评估过程中，对照人才画像中的KPI对员工的工作绩效进行客观评价，及时发现员工在工作过程中的问题和不足，为绩效反馈和改进提供依据。例如，如果一名销售员工在客户满意度这一KPI上表现不佳，通过分析其销售过程中的客户服务环节，找出问题所在，如沟通方式不当、售后服务不及时等，为员工提供针对性的绩效改进建议，帮助员工提升工作绩效，确保其工作成果符合岗位人才画像的要求，进而推动企业整体业务目标的实现。

客观公正的绩效评估是企业人力资源管理的重要环节。人才画像为绩效评估提供了明确的标准和参照系，使评估过程更加透明、公正，减少了人为因素的干扰和评价偏差。通过对照KPI进行评估，能够准确地衡量员工的工作成果和贡献，为员工的薪酬调整、奖金发放、晋升等人事决策提供可靠的数据支持。同时，及时发现员工的绩效问题并提供改进建议，有助于员工认识到自己的不足之处，激发他们的自我提升意识，促进员工个人能力的成长和绩效的持续改进，形成企业与员工共同发展的良性循环。

3. 激励员工持续提升绩效

以人才画像为基础的绩效管理体系能够有效激励员工持续提升绩效。当员工清楚地知道自己的绩效目标以及达到目标后所能获得的回报（如薪酬提升、晋升机会、荣誉表彰等）时，他们会更有动力去努力工作，争取达到或超越绩效目标。例如，一家互联网机构根据人才画像设定了不同层级员工的绩效激励机制，对于表现优秀、达到或超过绩效目标的员工，给予丰厚的绩效奖金、股票期权、晋升机会以及在公司内部公开表彰等激励措施。这种激励机制能够激发员工的竞争意识和工作热情，促使他们不断挖掘自身潜力，以满足人才画像中对岗位绩效的更高要求。

此外，通过与人才画像的对比分析，员工能够了解到自己在团队或公司中的绩效水平排名，发现自己与优秀员工之间的差距，从而产生追赶的动力。企业可以利用这种绩效差距激励员工，如企业内部的绩效分享会，邀请优秀员工分享成功经验，为其他员工提供学习和借鉴的机会，营造积极向上的绩效文化氛围，推动全体员工共同努力提升绩效，实现企业整体业绩的增长和可持续发展。

第二节　建立多元化的招聘渠道

通过建立多元化的招聘渠道，企业能够在更广泛的范围内寻找和吸引符合自身需求的人才，无论是传统招聘渠道的拓展优化，还是新兴渠道的挖掘应用，又或是内部推荐与校企合作的深入开展，都为企业的人力资源管理提供了丰富的人才来源，有助于构建多元化、高素质的员工队伍，从而提升企业在市场中的竞争力，适应不断变化的市场环境和业务发展需求，为企业的可持续发展奠定坚实的人才基础。在实际操作中，企业应根据自身的行业特点、规模、发展战略等因素，灵活选择和组合各种招聘渠道，并不断评估和调整招聘策略，以达到最佳的招聘效果。

一、传统招聘渠道的拓展与优化

(一) 招聘网站的深度利用

在当今数字化时代，招聘网站依然是企业获取人才的重要途径之一。然而，简单地在知名招聘平台发布职位信息已远远不够。企业需要深入研究不同招聘网站的特点和用户群体，针对性地制定招聘策略。

首先，对于综合类招聘网站，如智联招聘、前程无忧等，它们拥有庞大的用户基数，涵盖了各个行业、各个层级的求职者。企业在这些平台发布职位时，应充分利用其精准定位功能。根据岗位所需的学历、工作经验、专业技能等关键词进行精准设置，确保招聘信息能够准确地推送给符合要求的候选人。例如，一家大型企业招聘高级财务经理，可在综合招聘网站上设置学历要求为本科及以上，专业为会计学、财务管理等相关专业，工作经验8年以上，且具备注册会计师资格证书等条件，这样就能将招聘信息精准地展示在具有相应资质和经验的求职者面前，提高简历的匹配度。

其次，专业类招聘网站和论坛针对特定行业或领域，汇聚了大量专业人才。以IT行业为例，像CSDN、开源中国等专业论坛，是程序员、软件工程师等技术人才交流和分享的重要平台。企业可以在这些平台上开设专区，发布技术挑战或项目需求。通过这种方式，企业不仅能够找到具备特定技术能力的人才，还能在项目合作过程中深入了解候选人的实际工作能力、创新思维和团队协作精神。

此外，利用招聘网站的数据分析功能，是深度挖掘人才资源的关键。企业可以定期分析从招聘网站获取的数据，了解求职者的来源地区、学历层次、工作经验分布等信息。例如，一家制造业机构发现，在某一时期内，来自某工业城市的求职者对其生产工程师岗位的申请量较大，且这些求职者的专业匹配度和工作经验都较为理想。企业就可以进一步分析原因，可能是该城市有相关的产业集群，培养了大量熟悉制造业生产流程的专业人才，且企业在当地的知名度较高。基于此，企业可以加大在该地区的招聘宣传力度，如参加当地的行业招聘会、与当地高校和职业院校建立合作关系等，以吸引更多优质人才。

再者，招聘网站的人才库功能也不容忽视。企业可以建立自己的人才库，将那些虽然暂时不适合当前岗位，但具有发展潜力的求职者纳入其中。定期对人才库进行更新和维护，通过邮件、短信等方式与候选人保持联系，分享企业的发展动态、行业资讯或培训机会等。当企业有新的岗位需求时，可以首先在人才库中搜索匹配的候选人，这样不仅可以缩短招聘周期，还能提高招聘的精准度和成功率。

(二) 校园招聘的创新实践

校园招聘是各机构补充新鲜血液的关键渠道。传统的校园招聘往往局限于参加校园招聘会、举办宣讲会等形式。如今，机构可以创新校园招聘方式，以适应多元化人才的需求。

一方面，与高校建立长期稳定的合作关系是校园招聘创新的基础。机构可以设立奖学金项目，根据自身的业务需求和人才战略，确定奖学金的专业领域和评选标准。通过奖学金的设立，机构不仅能够在学生群体中树立良好的品牌形象，还能提前锁定潜在人才。在奖学金评选过程中，机构可以参与其中，与学生进行深入交流，为后续的人才选拔和培养奠定基础。

实习基地的建设也是校园合作的重要内容。机构为高校学生提供实习岗位，让学生在实践中了解机构的运营模式、业务流程和文化。在实习期间，机构可以为学生制订个性化的实习计划，安排导师进行指导，使学生在实习过程中能够得到充分的锻炼和成长。例如，一家广告公司可以为设计专业的学生提供实习机会，让他们参与实际的广告项目策划和设计工作，从创意构思、文案撰写到图形设计、客户沟通等环节进行全面实践。通过实习，机构可以深入考查学生的综合素质和潜力，如创意能力、执行能力、团队协作能力和学习能力等，对于表现优秀的实习生，可以在毕业后优先录用。

另一方面，利用线上平台开展校园招聘活动，扩大了校园招聘的覆盖面。举办线上校园宣讲会是一种常见且有效的方式。机构可以通过直播平台展示其文化、产品、工作环境等，让学生直观地了解机构的魅力和实力。在宣讲过程中，邀请机构高管、校友进行分享，讲述自己在机构的成长经历、职业发展路径和成功经验，能够激发学生的兴趣和向往。同时，设置在线答疑环节，及时解答学生关于招聘岗位、职业发展、薪酬福利等方面的疑问。在答疑环节，针对学生提出的关于实习转正、技术培训、晋升机制等问题进行详细解答，使学生对机构的人才培养体系有更深入的了解，从而提高学生的应聘意愿。

开展线上竞赛活动也是校园招聘的创新举措。针对不同专业的学生举办相应的竞赛，机构可以提供丰厚的奖品和实习或就业机会作为奖励。通过竞赛，机构可以发现那些具有创新思维、实践能力和团队协作精神的优秀学生。机构通过对参赛作品的评审，选拔出了一批优秀学生，并为他们提供了实习机会，其中部分学生在实习结束后顺利转正，成为机构市场营销团队的一员。

此外，机构还可以利用社交媒体平台进行校园招聘宣传。如在微信公众号、微博、抖音等平台上发布校园招聘信息、宣传视频、员工风采展示等内容，吸引学生的关注。通过社交媒体的互动功能，与学生进行实时互动，解答他们的疑问，传播机构的文化和价值观。例如，一家时尚机构在抖音上发布了一系列员工的时尚穿搭视频和机构的时尚秀场视频，展示了其充满活力和创意的工作环境，同时发布校园招聘信息，吸引了大量时尚设计专业和市场营销专业的学生关注。在评论区，机构的人力资源工作人员及时回复学生的留言，介绍招聘岗位的详细信息和福利待遇，使学生对机构产生了浓厚的兴趣。

二、新兴招聘渠道的挖掘与应用

（一）社交媒体招聘的有效策略

社交媒体已成为人们生活中不可或缺的一部分，也为机构招聘提供了新的广阔空间。不同的社交媒体平台具有不同的用户特点和功能优势，机构应根据自身需求选择合适的平台并制定相应的招聘策略。

在领英这样的专业社交平台上，机构可以建立完善的宣传主页，展示其品牌形象、文化、业务范围、员工风采等信息。通过发布高质量的内容，如行业洞察文章、机构成功案例、员工职业发展故事等，吸引潜在候选人的关注并建立机构在行业内的专业声誉。例如，一家咨询机构可以在领英上分享其为不同行业客户提供的咨询解决方案，以及咨询顾问在项目中的专业见解和成长经历，吸引那些在管理咨询领域有经验或对其有兴趣的专业人士。

在招聘信息发布方面，领英提供了丰富的筛选条件，机构可以根据职位要求精准定位目标候选人。同时，机构还可以利用领英的人才推荐功能，系统会根据机构的招聘需求和公司主页的浏览行为，为机构推荐潜在的合适候选人。此外，机构招聘人员可以主动搜索领英上的人才库，通过关键词搜索、人脉关系拓展等方式找到符合岗位要求的候选人，并发送个性化的邀请消息。

对于微博、微信等大众社交媒体平台，机构可以利用其传播速度快、覆盖面广的特点进行招聘宣传。通过创建有趣、有吸引力的招聘话题或文章，鼓励员工和粉丝进行转发和分享，扩大招聘信息的传播范围。例如，一家互联网游戏公司可以在微博上发起“游戏梦想家招募令”的话题，发布游戏开发岗位的招聘信息，并配以精美的游戏画面、员工工作场景照片和有趣的机构文化短视频，吸引游戏爱好者和相关专业人士的关注。同时，机构可以设置互动环节，如问答抽奖、线上游戏挑战等，增加粉丝的参与度和黏性，进一步提升招聘信息的传播效果。

在微信平台上，机构除了在公众号发布招聘信息外，还可以利用微信小程序开发招聘应用。例如，设计一个具有职位搜索、简历投递、在线测评、面试预约等功能的招聘小程序，方便候选人随时随地了解机构招聘信息并进行应聘操作。

（二）专业人才社区与论坛的利用

专业人才社区与论坛是特定行业或领域专业人士聚集交流的地方，是机构挖掘高端专业人才和小众领域人才的宝藏之地。

以技术领域为例，码云是全球最大的开源代码托管平台，汇聚了大量的软件开发者。机构可以在平台上搜索与自身业务相关的开源项目，关注那些在项目中表现出色的开发者。通过查看他们的代码贡献、项目参与、技术讨论等行为，评估他们的技术水平和专业能力。机构可以主动与这些开发者联系，邀请他们参与机构的技术项目或应聘相关岗位。例如，一家人工智能机构在平台上发现了一位开发者在深度学习算法优化方面有突出贡献，且其开发的开源项目与机构的研发方向高度契合。机构可以通过平台的私信功能与该开发者沟通，介绍机构在人工智能领域的研究计划和项目需求，邀请他加入机构的研发团队，共同探索前沿技术。

对于设计领域，站酷是一个知名的创意设计社区，设计师们在这里展示他们的作品和创意灵感。机构可以在社区上浏览各类设计作品，寻找符合其品牌形象和设计需求的设计师。例如，一家时尚品牌机构在社区上搜索服装设计师作品，发现了一位设计师的作品风格独特，对时尚潮流有着敏锐的洞察力，且其作品在色彩搭配、面料运用和款式设计等方面都与机构的品牌定位相符。机构可以通过社区提供的联系方式与该设计师取得联系，邀请他参加机构的设计项目或面试设计岗位，为机构的产品设计注入新的活力。

在专业人才社区与论坛中，机构不仅可以寻找人才，还可以参与社区讨论和活动，树立机构在行业内的专业形象和影响力。机构可以与社区内的人才建立良好的互动关系，为招聘工作打下坚实的基础。

此外，一些行业特定的专业人才社区，也为机构招聘提供了精准的渠道。机构可以在这些社区中发布针对性的招聘信息，与社区内的专业人才进行深入交流，了解他们的职业需求和发展意向，从而吸引到符合机构岗位要求的专业人才。

三、内部推荐与员工网络的拓展

(一) 内部推荐制度的完善与激励

内部推荐是一种高效且成本较低的招聘方式，因为员工对企业的文化、工作环境和岗位要求有较为深入的了解，他们所推荐的候选人往往与企业的匹配度较高。

首先，企业要建立完善的内部推荐制度。明确推荐流程，让员工清楚地知道如何进行推荐、推荐的岗位范围、推荐的时间节点等。例如，企业可以规定员工在企业内部系统中填写推荐候选人的基本信息、联系方式、工作经历、推荐理由等内容，然后由人力资源部门进行初步审核和跟进。

同时，要制定合理的激励机制，以提高员工推荐的积极性。激励措施可以包括物质奖励和非物质奖励。物质奖励方面，如给予推荐成功的员工一定金额的奖金，奖金数额可以根据推荐岗位的重要性和难度进行设定。例如，对于推荐高级管理人员或核心技术岗位成功的员工，给予较高金额的奖金，如5000元至10000元不等；对于普通岗位推荐成功的员工，给予适当金额的奖金，如1000元至3000元不等。非物质奖励方面，可以对推荐成功的员工进行公开表彰，如在公司内部宣传栏、公司邮件、公司会议等场合进行表扬，给予他们更多的职业发展机会，如优先晋升、培训机会优先选择等。

(二) 员工社交网络的挖掘与整合

员工的社交网络是企业招聘的潜在资源宝库。企业可以鼓励员工挖掘自己的社交网络，为企业招聘提供帮助。

一方面，企业可以开展员工社交网络拓展活动。例如，举办员工亲友开放日，邀请员工的亲友到企业参观，了解企业的工作环境、企业文化和业务流程，让他们对企业产生好感并愿意推荐身边的人才，同时让他们在自己的社交圈子中积极宣传企业的招聘信息，挖掘潜在候选人。

另一方面，企业可以利用社交网络分析工具，整合员工的社交网络资源。通过分析员工在社交媒体上的好友关系、社交群组等信息，发现潜在的人才线索。例如，企业可以通过分析员工在领英上的人脉关系，找出那些与企业业务相关、具有潜在招聘价值的人脉，然后通过员工的引荐或直接联系，将这些人脉转化为企业的候选人。同时，企业可以建立员工社交网络人才库，将员工推荐的候选人以及从员工社交网络中发现的潜在候选人信息进行整理和分类，定期进行跟踪和维护，以便在有岗位需求时能够及时联系和筛选。

此外，企业还可以与员工所在的行业协会、商会、校友企业等建立合作关系，通过员工的桥梁作用，参与这些企业的活动，发布招聘信息，挖掘更多的人才资源。例如，一家科技企业的员工是某高校校友会的成员，企业可以通过该员工与校友会合作，在母校举办校友招聘会，或者在母校的校友通讯、校友网站等平台上发布招聘信息，吸引校友人才加入企业。

四、校企合作与人才定制培养

（一）与高校的深度合作模式

校企合作是企业获取高素质人才的重要途径，且能够实现企业需求与高校教育资源的有效对接。

企业可以与高校开展定制化人才培养项目。根据企业的业务需求和岗位要求，与高校共同制订人才培养方案。例如，一家汽车制造企业与某高校机械工程学院合作，开设汽车制造工程专业方向的定制班。在实践教学环节，安排学生到企业的生产车间、研发中心进行实习和实践项目操作，让学生在学习过程中就能够接触到企业的实际业务和前沿技术。通过这种定制化培养，学生毕业后能够直接适应企业的岗位需求，缩短了企业的人才培养周期。

产学研合作项目也是校企合作的重要形式。企业与高校、科研机构联合开展科研项目，在项目合作过程中，企业可以发现和培养具有科研创新能力的人才。例如，一家制药企业与某医科大学和科研机构合作开展新药研发项目。在项目团队中，有高校的教授、研究生和企业的研发人员。通过项目合作，研究生在导师和企业研发人员的指导下，深入参与新药研发的各个环节，不仅提高了自己的科研能力，也对企业的研发流程和市场需求有了更深入的了解。企业可以在项目合作过程中，对表现优秀的研究生进行重点关注和培养，毕业后优先录用他们进入企业的研发团队。

此外，企业还可以与高校开展师资交流活动。企业的技术专家和管理人员到高校担任兼职教师，为学生传授实际工作经验和行业最新动态；高校教师到企业挂职锻炼，了解企业的实际需求和技术难题，以便在教学过程中更好地调整教学内容和方法。通过师资交流，能够促进高校教学与企业实际需求的紧密结合，提高人才培养的质量和针对性①。

（二）与职业院校的协同育人机制

与职业院校的合作侧重于培养技能型人才，以满足企业对一线操作人员和技术工人的需求。

企业可以与职业院校共同制订人才培养计划，根据企业岗位的技能要求，设计课程体系和教学内容。例如，一家电子制造企业与某职业院校电子信息工程专业合作，针对企业生产线的装配工、调试工等岗位，在职业院校的课程中增加了电子产品组装工艺、电路调试技术、自动化设备操作等实践课程。这些课程由企业的一线技术骨干和职业院校教师共同授课，采用理论教学与实践操作相结合的教学模式，使学生在学校期间就能够熟练掌握企业所需的基本技能。

建立实习实训基地是校企协同育人的重要举措。企业为职业院校学生提供实习岗位，让学生在真实的工作环境中进行实习实训。企业可以安排经验丰富的师傅对学生进行一对一指导，帮助学生尽快掌握岗位技能。例如，一家机械制造企业与当地职业院校建立了实习实训基地，每年接收该校机械制造专业的学生进行实习。在实习期间，企业为每个学生安排了一位师傅，从机床操作、零件加工到质量检测等环节进行手把手教学。通过实习实训，学生不仅提高了自己的技能水平，还对企业的生产管理、质量控制等方面有了更深入的了解，为毕业后顺利进入企业工作打下了坚实的基础。

此外，企业还可以与职业院校开展订单式培养。根据企业的订单需求，职业院校按照企业的要求选拔学生、制订培养方案、开展教学活动。学生毕业后直接进入企业工作，实现了人才培养与企业需求的无缝对接。

---

① 桑颖．人力资源管理中的员工招聘与培训分析 [J]. 营销界，2022(24):111−113.

第三节　数据驱动的人力资源管理

数据驱动的人力资源管理已成为现代企业提升人力资源管理效能、实现可持续发展的关键。通过全面收集与整合多元化的数据资源，深入应用数据分析技术于人力资源管理的各个环节，并基于数据进行科学的决策和战略规划，企业能够更加精准地把握人力资源状况，优化人力资源配置，提升员工的绩效和满意度，进而增强企业的核心竞争力，在不断变化的市场环境中立于不败之地。在未来，随着大数据技术的不断发展和应用场景的不断拓展，数据驱动的人力资源管理将展现出更大的潜力和价值，企业应积极探索和实践，充分利用数据资产为人力资源管理创造更多的效益。

一、人力资源数据的收集与整合

（一）数据来源的多元化拓展

在数据驱动的人力资源管理模式下，数据来源广泛且丰富多样，犹如一张庞大而精细的信息网，为企业的人力资源决策与战略规划提供全方位的支持。

企业内部的各类管理系统无疑是核心的数据源泉之一。人力资源信息系统（HRIS）犹如员工信息的“数据库”，详细记录了诸如姓名、年龄、性别、学历、入职时间等基本资料。这些看似基础的信息，实则在人力资源规划方面发挥着基石般的作用。例如，通过对员工年龄结构的分析，企业可以洞察到是否存在潜在的人才断层风险，进而提前规划招聘与培养计划；依据学历分布情况，评估企业整体的人才素质水平，并为制订针对性的培训提升策略提供参考。员工考勤系统则像是员工工作纪律与负荷的“晴雨表”，迟到、早退、请假、加班等数据清晰地反映出员工的日常出勤规律。对于一家生产型企业而言，若某车间员工在特定时间段内加班数据异常增多，可能暗示着生产任务加重或人力资源配置不合理，企业便可据此深入探究原因，如是否由于新订单增加而未及时调整人员安排，或是生产流程出现瓶颈导致效率低下，从而及时采取相应措施，如招聘临时工人、优化生产流程或调整排班制度等，以确保员工的工作负荷处于合理区间，保障生产的顺利进行。绩效管理系统更是衡量员工工作成效与能力水平的“精准标尺”，其中存储的绩效评估结果以及绩效指标完成情况等数据，为员工培训、晋升、薪酬调整等关键决策提供了极具说服力的依据。例如，若某员工在销售业绩指标上持续表现出色，但在客户满意度指标上有所欠缺，企业便可针对性地为其安排客户关系管理方面的培训课程，帮助其提升沟通技巧和服务意识，以实现更全面的发展；或者在晋升决策时，综合考量其多方面的绩效表现，判断其是否具备晋升到管理岗位所需的综合素质，确保晋升决策的科学性与公正性。

企业的业务运营系统同样蕴含着海量与人力资源息息相关的数据宝藏。以客户关系管理系统（CRM）为例，其中的客户反馈数据犹如一面镜子，清晰映照出员工在客户服务过程中的表现优劣。例如，当客户频繁反馈某客服人员在处理问题时态度冷漠、响应迟缓，这不仅直接关联到该员工的沟通能力与问题解决能力亟待提升，更可能暗示企业在客服培训体系或服务流程上存在漏洞。对于涉及客户对接岗位的员工发展与管理而言，这些数据具有不可忽视的重要意义。企业可据此建立员工服务质量档案，定期跟踪分析，为员工制订个性化的培训与改进计划，同时也能及时发现并优化服务流程中的薄弱环节，从而提升整体客户服务水平，增强客户满意度与忠诚度。再看企业资源规划系统（ERP），其中的生产数据、销售数据等与员工的工作效率、业绩贡献等紧密相连。比如，通过深入剖析生产线上员工的产量数据与产品质量数据，企业能够精准评估员工的生产技能与工作态度。若某生产小组的产品次品率居高不下，而产量也未达到预期标准，企业可进一步分析该小组员工的培训记录、工作经验以及近期的工作状态数据，判断是由于员工技能不足、工作积极性不高还是设备故障等原因导致，进而有的放矢地采取措施，如开展技能培训、实施激励机制或安排设备维护与更新，以提高生产效率和产品质量，实现人力资源与生产资源的优化配置。

员工的主动反馈也是不可忽视的数据来源，它犹如企业与员工之间的情感纽带与智慧桥梁。定期开展的员工满意度调查、职业发展规划调查等活动，就像是开启员工内心世界的钥匙，收集到的员工对工作环境、薪酬福利、培训机会、上级管理等方面的意见和期望，为企业深入了解员工的需求与心理状态提供了宝贵的窗口。例如，若员工满意度调查中频繁出现对培训机会不足的反馈，这表明员工渴望提升自身能力、追求职业发展，企业便可考虑加大培训投入，拓宽培训渠道，丰富培训内容，如引入外部专家授课、开展线上学习平台、企业内部经验分享会等，或者优化现有的培训体系，根据员工的岗位需求和职业发展阶段设计更具针对性的培训课程，如为新入职员工提供入职培训与岗位技能培训，为资深员工提供领导力培训与专业进阶培训等，以满足员工的学习需求，激发员工的工作热情与创造力。同时，员工在日常工作中的创新建议、问题反馈等数据，更是企业创新发展的灵感源泉。例如，某员工提出了优化办公流程的创新建议，经实践验证可有效提高工作效率，这不仅体现了该员工的积极主动性和创新思维，也为企业的流程优化提供了宝贵思路。企业应重视并鼓励员工积极分享此类信息，建立相应的激励机制，如设立创新奖励基金、给予荣誉称号或在晋升考核中予以加分等，将员工的个人智慧转化为企业的集体财富，同时也可将员工的创新参与度和贡献度作为评估其对企业认同感和归属感的重要依据之一，对于那些积极为企业发展出谋划策的员工，企业应给予更多的关注与培养，为他们提供更广阔的发展空间，促进员工与企业的共同成长。

外部数据同样在人力资源管理的舞台上扮演着重要角色。行业报告、市场调研数据宛如人力资源管理领域的“导航星”，为企业照亮前行的道路。它们能帮助企业精准把握同行业的薪酬水平动态、人才供需状况的微妙变化以及新兴技能需求的发展趋势等关键信息，从而为制定具有竞争力的薪酬策略和前瞻性的人才发展规划提供坚实的支撑。例如，当行业报告显示某一新兴技术领域人才短缺且薪酬呈快速上涨趋势时，对于有相关业务布局的企业而言，这无疑是一个明确的信号。企业可迅速行动，提前规划招聘和培养计划，加大在该领域的人才招聘力度，如参加专业技术人才招聘会、与高校相关专业建立定向合作关系、在行业论坛和社交媒体上发布针对性的招聘信息等，同时启动内部人才培养计划，选拔有潜力的员工参加相关技术培训课程、提供实践项目锻炼机会或资助员工攻读相关专业学位，以吸引和留住此类关键人才，确保企业在新兴技术领域的竞争力。社交媒体数据也逐渐崭露头角，成为人力资源数据家族的新成员。通过对社交媒体上员工言论、行业人士讨论等信息的监测和分析，企业仿佛拥有了一双敏锐的“舆情之眼”，能够洞察社会舆论对组织形象、企业文化的评价风向，以及行业人才的关注点和价值观倾向。例如，若社交媒体上出现大量关于加班文化的负面讨论，企业应及时反思并调整管理策略，加强与员工的沟通交流，优化工作安排，改善员工福利，以重塑企业形象；又如，当发现行业人才普遍关注企业的社会责任履行情况时，企业可加大在这方面的宣传与投入，积极参与公益活动、推动环保举措等，将企业的社会责任理念融入企业文化建设中，提升企业在人才市场的吸引力和美誉度，为企业的雇主品牌建设和人才吸引策略调整提供及时且精准的参考依据。

（二）数据整合的方法与技术

面对如此多元化的数据来源，数据整合成为关键环节，它恰似一场精心编排的“数据交响乐”，需要借助先进的信息技术和数据管理工具，将各个来源的“音符”巧妙融合，奏响人力资源管理的高效乐章。

建立数据仓库是一种常用且行之有效的方法，它犹如一座数据的“中央宝库”，能够将来自不同系统、不同格式的数据进行集中存储和管理。按照一定的主题和维度进行组织后，这些数据就如同被精心分类整理的宝藏，方便后续的数据分析和挖掘工作者轻松探寻其中的奥秘。例如，将人力资源信息系统中的员工基本信息、绩效管理系统中的绩效数据、考勤系统中的出勤数据等按照员工维度整合到数据仓库中，形成员工综合信息数据集。这样一来，当企业需要对某一员工进行全面分析和评估时，如考虑其晋升或岗位调整时，只需在这个数据仓库中提取该员工的相关数据，便可一目了然地看到其在各个方面的表现，包括其基本背景、工作绩效历史、出勤规律等，从而为决策提供全面且准确的依据，避免了在多个系统中来回查找数据的复杂过程，大大提高了工作效率[①]。

数据接口技术在这场数据整合的“交响乐”中扮演着“桥梁建筑师”的重要角色。通过开发和应用数据接口，能够实现不同系统之间的数据传输和交互，确保各个“数据孤岛”之间能够互联互通。例如，在人力资源信息系

① 赵国龙，林新奇．数字化趋势下人力资源管理控制的反思与展望 [J]. 北京科技大学学报（社会科学版），2025,41(1):79−88.

统与业务运营系统之间建立接口，就如同在两座信息孤岛之间搭建了一座坚固的桥梁，使员工的业务业绩数据能够实时或定期传输到人力资源信息系统中，与员工的其他信息进行关联整合。这样，企业在分析员工绩效时，就不再局限于单纯的人力资源内部评估指标，而是能够将其业务成果纳入考量范围，更全面地衡量员工对企业的贡献。比如，对于一名销售人员，其销售业绩数据直接从业务运营系统传输到人力资源系统，与他的考勤、培训记录等信息相结合，企业可以更精准地评估其工作表现，为其制订个性化的薪酬激励方案或职业发展规划。

而数据清洗和转换技术则是这场“数据交响乐”中的“调音师”，不可或缺。由于不同来源的数据可能存在格式不一致、数据冗余、错误数据等问题，会干扰后续的数据分析和决策，因此，需要进行清洗和转换，将这些“杂音”消除，确保数据的准确性和一致性，为后续的数据分析提供可靠的数据基础。只有经过精心的清洗和转换，数据才能在人力资源管理的舞台上发挥出其应有的价值，为企业的各项决策提供精准无误的支持。

在数据整合的整个过程中，还需要高度重视数据的安全性和隐私保护。企业要制定严格的数据访问权限策略，明确不同部门、不同岗位的人员对数据的访问级别和操作权限。这样既能保障员工对自身工作数据的知情权，又能防止敏感信息的泄露。只有在确保数据安全的前提下，企业才能放心地利用数据进行人力资源管理，充分发挥数据驱动的优势，实现企业与员工的双赢发展。

二、数据分析在人力资源管理中的应用

(一) 员工招聘与选拔中的数据分析

在员工招聘与选拔环节，数据分析能够显著提高决策的科学性和准确性。首先，通过对招聘渠道数据的分析，企业可以评估不同招聘渠道的有效性。例如，分析从各大招聘网站、校园招聘、内部推荐等渠道获取的简历数量、简历质量（如学历匹配度、工作经验相关性、技能符合度等）、招聘成本以及最终的录用比例等数据，确定哪些渠道能够为企业带来更多高质量的候选人，哪些渠道需要优化或调整。若发现某专业招聘网站对于特定技术岗位

的简历投递量和质量都较高，而校园招聘在该岗位上效果不佳，企业便可在后续招聘中加大在该专业网站的投入，减少校园招聘的资源分配，或者对校园招聘的策略进行调整，如优化招聘宣传内容、改进招聘流程等。

人才测评数据的分析也是招聘选拔中的重要应用。现代人才测评工具能够收集候选人的多维度数据，如性格测试结果、能力测试成绩、面试评价等。通过数据分析，可以建立候选人的综合评估模型。例如，运用数据挖掘技术分析大量历史招聘数据中成功录用员工的测评数据特征，构建出不同岗位的理想候选人模型。在新的招聘过程中，将候选人的测评数据与模型进行对比，快速筛选出与岗位匹配度高的候选人。例如，对于一个销售岗位，模型可能显示性格外向、具有较强沟通能力和抗压能力、在销售情景模拟测试中表现出色的候选人更具成功潜力，那么在招聘时便可重点关注具有这些特征的候选人，提高招聘效率和准确性，降低招聘失误的风险。

此外，利用数据分析还可以进行招聘需求预测。结合企业的战略规划、业务增长预期、员工流失率等数据，通过建立预测模型，如时间序列分析模型、回归分析模型等，预测未来不同时间段、不同部门、不同岗位的招聘需求量。例如，根据企业的市场拓展计划和过往销售业绩与人员配置的关系，预测未来一年销售部门需要新增的销售人员数量，提前做好招聘计划和资源准备，确保企业业务发展不受人力资源短缺的制约。

（二）员工培训与发展中的数据分析

在员工培训与发展方面，数据分析为精准化培训提供了有力支持。通过对员工绩效数据和能力评估数据的分析，能够精准定位员工的培训需求。例如，分析员工在不同绩效指标上的得分情况，若发现某员工在项目执行效率方面得分较低，进一步分析其相关能力评估数据，发现其在时间管理和团队协作方面存在不足，企业便可针对这些薄弱环节为其定制时间管理和团队协作培训课程。同时，利用数据分析可以对培训效果进行评估。对比员工培训前后的绩效数据、技能测试成绩等，判断培训是否达到预期目标，哪些培训内容和方式效果较好，哪些需要改进。例如，若某培训课程结束后，参加培训的员工在相关业务知识测试中的平均成绩有显著提高，但在实际工作中的绩效提升不明显，企业就需要分析原因，可能是培训内容与实际工作应用结合不够紧密，或者是缺乏培训后的实践指导和跟踪反馈，从而针对性地调整培训方案。

数据分析还能为员工的职业发展规划提供依据。通过分析员工的工作经历、绩效成长轨迹、技能提升情况等数据，挖掘员工的职业发展潜力和兴趣方向。例如，发现一名员工在多个项目中展现出较强的数据分析能力和对业务流程优化的热情，企业便可为其提供数据分析师或流程优化专员方向的职业发展建议，并配套相应的培训和发展机会，如内部轮岗、导师指导、参加专业培训课程等，帮助员工在企业内实现个人职业目标，同时也提高员工的忠诚度和归属感，促进企业人才队伍的稳定和发展。

（三）员工绩效管理中的数据分析

在员工绩效管理中，数据分析使绩效评估更加客观公正且富有建设性。首先，通过对绩效指标数据的深入分析，可以全面了解员工的工作表现。例如，除了关注员工的业绩指标完成情况，还可以分析其工作过程中的行为数据，如工作时间分布、任务完成的及时性和准确性、沟通协作频率等。对于一名客服人员，不仅要看其客户满意度指标，还要分析其平均通话时长、问题解决时间、客户投诉处理次数等数据，从而更全面地评估其工作绩效，发现其工作中的优点和不足。利用数据分析还可以进行绩效对比分析，包括员工之间的横向对比和员工自身的纵向对比。横向对比可以识别出团队中的优秀绩效者和绩效待提升者，为奖励分配、晋升选拔等提供参考；纵向对比则可以反映员工的绩效成长趋势，对于绩效持续提升的员工给予肯定和激励，对于绩效下滑的员工及时进行沟通和辅导。例如，在一个项目团队中，通过对比不同成员的绩效数据，发现某成员在项目进度把控和成本控制方面表现突出，而另一位成员在这两方面存在较大差距，企业便可在奖励分配上有所侧重，并针对绩效较差的成员提供相关培训和指导，帮助其改进。

此外，数据分析有助于发现影响绩效的关键因素。通过对大量绩效数据与其他相关数据（如员工培训情况、工作环境因素、团队氛围等）的关联分析，找出哪些因素对员工绩效有显著影响。例如，发现参加过特定技能培训的员工在相关绩效指标上普遍表现较好，说明该培训对提升绩效有积极作用，企业可加大此类培训的推广力度；又如，发现某个部门的员工绩效普遍较低，进一步分析发现该部门近期工作任务分配不合理、内部沟通不畅，企业便可针对这些问题进行调整，优化部门管理，提高整体绩效水平。

三、数据驱动的人力资源决策与战略规划

（一）基于数据的人力资源决策支持

数据驱动的人力资源管理能够为企业的人力资源决策提供坚实的支持。在人员配置决策方面，通过对企业业务数据、员工能力数据、岗位需求数据等的综合分析，确定最佳的人员配置方案。例如，根据不同项目的任务量、技术难度、时间要求，结合员工的专业技能、工作经验、绩效水平等数据，合理分配人员到各个项目中，确保每个项目都有合适的人员组合，提高项目的成功率和执行效率。在薪酬福利决策中，数据分析同样发挥着重要作用。分析行业薪酬水平数据、企业财务状况数据、员工绩效数据等，制定具有竞争力且公平合理的薪酬福利体系。例如，如果企业想要在某一地区吸引高端人才，通过分析当地同行业的薪酬水平和福利政策，结合企业自身的盈利能力和发展战略，确定高于市场平均水平的薪酬待遇和具有吸引力的福利套餐，如股票期权、高端商业保险、弹性工作制度等，以提高企业在人才市场的竞争力。

在员工晋升决策上，依据员工的绩效历史数据、能力发展数据、职业素养数据等进行综合评估。例如，分析员工在过去几年中的绩效提升趋势、承担的工作职责拓展情况、获得的培训和技能提升成果以及在团队中的领导能力和协作精神等方面的数据，确定哪些员工具备晋升条件和潜力，为企业选拔出合适的管理人才或技术专家，激励员工积极进取，同时也确保晋升决策的公正性和客观性，避免主观因素的干扰。

（二）数据助力人力资源战略规划

从战略规划层面来看，数据驱动的人力资源管理为企业的长期发展提供了有力保障。通过对宏观经济数据、行业发展趋势数据、企业内部人力资源现状数据等的分析，预测企业未来的人才需求和人力资源结构变化。例如，随着某一新兴技术在行业内的快速发展，分析相关技术人才的市场供应

情况、企业现有技术人才的储备和技能水平，预测企业未来在该技术领域的人才缺口，提前制定人才招聘、培养和储备战略。同时，数据分析还能帮助企业评估人力资源战略的实施效果。例如，企业实施了一项人才国际化战略，通过分析在国际市场招聘的员工数量、质量、融入情况，以及这些员工对企业国际业务拓展的贡献数据等，判断该战略是否达到预期目标，哪些方面需要调整和优化，为企业及时调整人力资源战略方向提供依据，确保企业的人力资源战略与企业的整体发展战略相匹配，促进企业在激烈的市场竞争中持续发展壮大。

第二章　多元化人力资源管理与企业文化塑造

第一节　包容性企业文化的内涵与特征

一、包容性企业文化的内涵

（一）多元文化的接纳与融合

包容性企业文化首先体现在对多元文化的积极接纳与深度融合。在当今全球化的商业环境中，企业员工来自不同的地域、民族、种族，拥有各异的文化背景、风俗习惯以及价值观念。包容性文化尊重并认可这些差异的存在，将其视为企业丰富的文化资源宝藏，而非矛盾冲突的根源。它鼓励员工自由地展示和分享自己的文化特色，无论是在日常工作交流、团队协作还是企业组织的各类活动中，都能让多元文化元素自然地流淌与交融。例如，一家跨国企业在办公区域设置了“文化展示角”，员工们可以自愿将代表自己家乡文化的手工艺品、传统服饰、美食图片等进行展示，并定期举办“文化分享日”活动，让员工们轮流介绍自己国家或民族的独特节日、文化习俗、历史故事等。通过这些方式，员工们不仅增进了对彼此文化的了解与尊重，更在文化的碰撞与融合中激发了创新思维。如在产品设计团队中，来自不同文化背景的设计师们将各自文化中的美学元素、用户需求特点融入产品设计理念中，开发出了一系列具有全球吸引力的产品，成功地拓展了国际市场份额，这便是多元文化接纳与融合在企业业务发展层面的有力体现。

（二）尊重个体差异与独特性

每一位员工都是独一无二的个体，具有不同的性格特点、兴趣爱好、能力优势以及职业追求。包容性企业文化高度重视员工的个体差异，坚信每个员工都能为企业带来独特的价值贡献。它摒弃了传统的“一刀切”式管理模式，转而根据员工的个性特点和能力特长进行个性化的工作安排与职业发展规划。例如，对于性格内向但思维缜密、擅长数据分析的员工，企业可能会安排其从事市场调研与数据分析相关工作，充分发挥其在数据处理和信息挖掘方面的优势；而对于性格外向、富有创造力且善于与人沟通的员工，则可能将其安排在市场营销或产品策划岗位，以助力其在创意构思和客户关系拓展方面施展才华。同时，企业在绩效评估与激励机制方面也充分考虑到员工的个体差异，不单纯以统一的业绩指标来衡量所有员工的工作成果，而是制定多元化的评估标准，关注员工在团队协作、创新能力、专业技能提升等多个维度的表现，并给予相应的个性化激励措施。如对于在团队中起到积极协调作用、提升团队凝聚力的员工，企业可能会授予“最佳团队合作者”荣誉称号，并给予相应的培训晋升机会或物质奖励；对于在技术创新方面取得突出成果的员工，则可能设立专项创新奖励基金，鼓励其继续深入探索创新领域。这种尊重个体差异与独特性的文化内涵，使得每一位员工都能在企业中找到适合自己的发展空间，感受到自身价值被充分认可，从而极大地提高了员工的工作满意度和忠诚度。

（三）平等对待与公平机会保障

平等是包容性企业文化的核心价值之一。在这样的文化环境中，所有员工不论其身份地位、性别、年龄、种族等外在因素如何，都能在企业内部享有平等的地位、权利和机会。企业在制定各项政策、规章制度以及进行资源分配时，都严格遵循公平公正的原则，确保每一位员工都能站在同一起跑线上参与竞争与发展。例如，在招聘环节，企业只根据岗位要求和候选人的能力素质进行筛选，不因候选人的性别、年龄或种族等因素而产生歧视性对待；在员工培训与晋升机会分配方面，企业建立了透明、公正的选拔机制，依据员工的工作表现、业绩贡献、能力提升潜力等客观指标进行综合评估，为每一位有能力、有志向的员工提供平等的晋升通道。无论是基层员工还是高层管理人员，只要具备相应的条件和能力，都有机会参与到企业的重要项目、培训计划或领导岗位竞聘中。这种平等对待与公平机会保障的文化氛围，有效地激发了员工的工作积极性和竞争意识，使得企业内部形成了一种健康向上、奋发有为的工作生态，促进了企业整体人力资源效能的最大化发挥。

（四）营造和谐包容的人际关系

良好的人际关系是企业顺利运转和持续发展的重要保障，而包容性企业文化致力于营造一种和谐包容的人际关系网络。在这种文化环境下，员工之间相互尊重、信任、理解与支持，能够以开放包容的心态对待他人的观点、意见和行为方式，即使在面对分歧与矛盾时，也能够通过积极有效的沟通与协商来寻求共识与解决方案，而不是陷入无端的指责与对抗之中。例如，在项目团队协作过程中，成员们来自不同的专业领域和文化背景，对于项目的目标设定、方案执行、时间进度安排等方面可能会存在不同的看法和建议。在包容性文化的影响下，团队成员们会充分倾听彼此的意见，尊重他人的专业判断和文化视角，通过召开开放式的项目研讨会、头脑风暴会议等方式，共同探讨出最佳的项目实施方案。在日常工作中，企业也会积极组织各类团队建设活动、员工交流座谈会等，进一步强化员工之间的信任与合作关系。这种和谐包容的人际关系不仅能够提高团队的协作效率和工作质量，减少内部沟通成本与冲突损耗，还能够增强员工的归属感和幸福感，使企业吸引和留住更多优秀人才①。

二、包容性企业文化的特征

（一）开放性

在当今全球化与快速变革的商业浪潮中，开放性宛如一座明亮的灯塔，为包容性企业文化指引方向，更是企业持续蓬勃发展的强劲动力源泉。

1. 对外界敏锐感知与接纳

企业的开放性，主要体现在它对外界的各种文化、思想、观念以及新兴事物始终保持着高度的敏锐嗅觉与热忱的接纳胸怀。身处信息爆炸的时代，知识与创意如同浩瀚宇宙中的繁星交相辉映。具备开放性特质的企业仿若装备了顶级探测设备，能够精准、迅速地捕捉到每一道蕴含价值的微光。它们果断摒弃固有的经营模式与僵化的思维定式，以无畏的勇气打破横亘于组织内部与外部环境间的重重阻碍，为企业引入清新活力之风。

① 张雪玲．新时代企业人力资源管理的优化途径分析 [J]. 现代商业，2022(27):78−80.

就如共享经济理念如燎原之火在市场蔓延时，部分传统出行企业展现出非凡的洞察力，并未将其视作威胁，而是快速洞悉其中潜藏的巨大机遇。它们积极动员员工深入探究共享模式的运营机制、技术依托以及市场潜能，大胆地对自身业务开启大刀阔斧的革新之路。员工们奔赴各地，实地调研新兴共享出行平台，与行业翘楚交流切磋、汲取智慧精华，归来后对企业的车辆调配、用户服务等关键流程进行优化重塑，创新性地推出分时租赁等业务，成功在激烈的市场变革浪潮中稳住阵脚，开辟出一片新天地。

2. 勇于探索创新实践

开放性的特质还淋漓尽致地体现在企业勇于探索新的商业模式、果敢尝试先进的管理方法以及积极引入前沿技术应用上。当数字化时代以汹涌澎湃之势席卷全球商业版图，众多传统企业顿感压力如山，仿佛陷入一场生死攸关的艰难鏖战。然而，那些深植开放性包容性文化基因的企业却能在困境中敏锐捕捉市场变革的风向，将其巧妙转化为蜕变腾飞的关键契机。它们全力激发员工投身数字化技术知识的学习浪潮，大胆引入大数据分析、人工智能、云计算等颠覆性技术手段，恰似为陈旧的商业引擎换上智能动力核心。

不妨以一家传统零售企业为鲜活案例，往昔依赖人工进行库存盘点，进货决策仅凭经验判断，导致效率低下，缺货与积压问题频发。但在开放性文化的驱动下，企业全力推动数字化转型进程，精心组织员工参与各类数据分析培训课程，引入智能库存管理系统。借助大数据的强大分析能力，深度剖析消费者购买习惯、地域偏好以及季节性需求波动，进而实现精准补货，库存周转率实现飞跃式提升，运营成本显著降低。同时，运用人工智能技术打造智能客服体系，实时响应顾客咨询，顾客满意度大幅攀升，企业销售额也随之稳健上扬，开启全新发展篇章。

3. 积极构建外部合作网络

深谙合作共赢之道的开放性企业，会主动与外部的科技企业、高校科研机构、行业协会等搭建广泛且紧密的合作桥梁。产学研合作项目仿若连接理论与实践的坚固纽带，技术交流研讨会宛如知识汇聚的饕餮盛宴，联合创新实验室则是孕育前沿创新成果的温暖摇篮。通过这些多元且富有成效的合作形式，企业得以实现资源的高效共享、优势的无缝对接，携手并肩探索行业前沿技术与创新解决方案。

例如，一家传统制造业企业与当地一所高校的计算机学院强强联手，共同创立智能制造联合研发中心。企业慷慨解囊，为研发中心提供雄厚资金支持，开放真实生产场景，让科研项目扎根现实土壤；高校也毫不吝啬，选派精锐科研团队与青春洋溢的学生全力参与。在合作过程中，企业员工与高校师生频繁互动交流，恰似一场激情四溢的思想碰撞狂欢。企业员工借此接触到最前沿的人工智能、物联网等技术知识，为攻克生产难题觅得灵感；高校师生也借此深入了解企业实际生产需求和行业痛点，让科研成果告别纸上谈兵。最终，双方凭借卓越智慧与不懈努力，成功研发出基于人工智能视觉检测技术的产品质量控制系统。该系统宛如为企业生产流水线赋予一双双精准锐利的眼睛，大幅提升生产效率与产品质量，产品次品率锐减近 30%，同时也为高校科研成果转化铸就一座闪耀丰碑，多篇相关学术论文荣登国际顶级期刊，引发行业内外广泛瞩目。

4. 吸引多元文化背景人才

值得一提的是，开放性的企业文化仿若一块超强引力的磁石，对不同文化背景的人才散发着难以抵挡的魅力。在全球化的宏大舞台上，人才无疑是企业最璀璨夺目的珍宝，而开放性赋予企业汇聚全球精英的非凡魔力。这些企业踊跃投身国际人才竞争赛场，凭借广阔无垠的发展空间、包容多元的工作环境以及充满挑战的前沿项目，吸引世界各地优秀人才纷至沓来。

当肤色各异、语言多样、文化背景多元的人才齐聚企业大家庭，恰似将全球各地的奇花异草悉心栽种于同一花园，缤纷多彩的文化元素、别具匠心的思维方式以及独具慧眼的工作经验相互交融。在一家声名远扬的国际互联网企业中，员工来自全球数十个国家，不同文化背景的程序员、设计师、市场营销人员携手奋进。印度员工带来软件开发过程中对算法精益求精的不懈追求，欧美员工以天马行空的创意为产品设计注入灵动活力，亚洲员工凭借对本地市场的深刻洞察助力精准营销。多元文化的激情碰撞与深度融合，进一步助推企业内部文化走向多元繁荣，创新活力如涌泉喷发，持续滋养企业茁壮成长，助力其在全球市场竞争中脱颖而出，登顶行业巅峰。

（二）平等性

在当今多元化且竞争激烈的商业环境中，企业文化犹如企业发展的灵魂支柱，而平等性则是这一灵魂中熠熠生辉的关键内核，它深度渗透于企业运营管理的每一寸肌理以及员工日常工作生活的点点滴滴。当平等性在企业内部生根发芽、茁壮成长，它所带来的凝聚力与创造力将成为企业在市场浪潮中稳健前行的磅礴动力。

1. 平等性的内涵基石：全方位的平等保障

平等性在包容性企业文化语境下，绝非一句空洞的口号，而是实实在在赋予每一位员工平等的人格尊严、稳固的法律地位、应得的劳动权益以及充足的发展机会，从根本上铲除因种族、性别、年龄、社会阶层等外在因素衍生出的歧视性藩篱与特权温床。这种深层次的平等理念宛如一座明亮的灯塔，照亮员工在企业奋斗的前行之路，让他们真切感受到自身价值被认可、被尊重。

从人格尊严层面看，每一个员工，无论来自何方、何种背景，踏入企业大门的瞬间，便被视作独一无二、拥有无限潜力的个体。他们的个性、信仰、价值观等内在特质不会遭受无端质疑或轻视，企业以包容的胸怀接纳员工的全部，为员工营造出心理上的“安全港湾”，使得员工能够毫无顾忌地展现真实自我，全身心投入工作。

在法律地位上，企业严格遵循国家法律法规，确保员工的各项法定权益得到坚实维护。从劳动合同的规范签订，到劳动时间、劳动强度的合理把控，再到社会保险、劳动安全保障等诸多细节，企业都一丝不苟，绝不触碰法律红线。这不仅是对员工基本权利的守护，更是企业树立社会公信力、打造良好形象的必由之路。

劳动权益的平等保障是平等性内涵的关键一环。员工付出劳动，理应获得与之匹配的报酬、福利以及舒适的工作条件。企业杜绝克扣工资、过度加班等损害员工利益的行为，依据市场行情与企业实际盈利能力，合理规划薪酬体系，让员工劳有所得、劳有所值。

发展机会的平等更是平等性的活力彰显。企业深知每个员工都怀揣成长梦想，因而搭建起公平的晋升通道、提供丰富多样的培训资源，让有志进取的员工都能在这片沃土上找到成长的方向，突破出身、资历等局限，凭借自身实力逐梦职场。

2. 制度层面：公平公正的坚实壁垒

企业的规章制度宛如企业有序运行的“轨道”，而平等性在其中起着校准方向、保障顺畅的关键作用。

(1) 薪酬福利制度：绩效与岗位价值主导

在薪酬福利的设计与执行过程中，摒弃一切基于个人身份特征的不公分配方式，将焦点精准聚焦于岗位价值评估与员工工作绩效。岗位价值评估犹如一把精准的标尺，综合考量岗位所需技能、责任大小、工作复杂程度等因素，为每个岗位明确定价。员工工作绩效则是动态的“价值增量”，通过科学合理的绩效评估体系，精准衡量员工在一定周期内为企业创造的价值。

例如，一家新兴科技企业，无论是男性程序员还是女性程序员，只要身处同一技术层级岗位，且在项目开发中攻克同等难度技术难题、按时交付高质量代码，就能收获相同档次的高薪待遇，享受同等的项目奖金、五险一金、带薪年假等福利。这种以真才实干论英雄的薪酬福利制度，极大激发员工的工作热情，让他们心无旁骛地专注于技术创新，为企业发展注入源源不断的动力。

(2) 绩效考核制度：客观指标与公正评价

绩效考核制度如同企业的“体检仪”，定期为员工工作成效把脉问诊，为企业人才决策提供关键依据。建立一套清晰明确、可量化的考核指标体系是基础，涵盖业务成果、工作质量、团队协作能力、创新能力等多维度要素，确保对员工工作表现的全面评估。

同时，公正的考核评价方法不可或缺。摒弃主观臆断、人情因素的干扰，采用360度评价、关键绩效指标（KPI）考核、目标与关键成果法（OKR）等多元结合的评价手段，让同事、上级、下级甚至客户都能参与评价过程，从不同视角还原员工工作全貌。如此一来，考核结果真实可靠，作为员工晋升、奖金分配、培训机会选定的基石，保障人才选拔与激励机制的公平性，促使企业内部形成良性竞争氛围。

3. 日常管理实践：平等氛围的生动演绎

(1) 管理者与员工关系：尊重与参与共融

在日常管理互动中，管理者角色定位发生深刻转变，从传统的“指挥者”升级为“引导者”与“倾听者”。他们放下高高在上的架子，主动俯下身去倾听员工心声，无论是关乎业务流程优化的建议，还是员工个人职业发展的困惑，管理者都给予充分关注与耐心回应。

例如，在一家创意广告公司的周会上，基层文案策划人员提出了结合当下社交媒体热点创新广告形式的想法，管理者没有因其职位低而轻视，反而组织团队深入探讨，引导大家集思广益完善方案。最终，这一创意不仅成功拿下重要客户订单，还为公司开辟出全新的广告业务方向。这种相互尊重、平等对话的关系模式，让员工真切感受到自身价值，激发他们主动为企业发展建言献策，使企业决策更贴近市场实际、更具创新性。

(2) 团队内部协作：平等交流促高效

团队宛如企业这部庞大机器运转的关键齿轮组，内部成员间的平等协作程度直接影响整体效能。在包容性企业文化滋养下的团队，成员不分职位高低、资历深浅，都能以开放心态畅所欲言。

在项目执行过程中，新入职员工的新颖视角可能为攻克技术难题带来转机，资深员工的丰富经验则为项目平稳推进保驾护航，大家相互学习、彼此支撑。例如，一个软件开发团队在攻坚复杂系统漏洞时，年轻程序员凭借对新算法的熟练掌握提出初步解决方案，资深工程师则利用深厚的架构知识优化完善，测试人员及时反馈问题，最终团队协同作战，高效修复漏洞，提前完成项目交付。这种平等交流合作的氛围，如同润滑剂，减少内部摩擦损耗，大幅提升团队工作效率与产出质量。

4. 职业发展机会：平等晋升的成长阶梯

(1) 完善晋升通道：突破局限的通途

企业精心打造层次分明、多元开放的职业晋升通道，打破传统单一晋升路径的束缚，为不同岗位序列、不同专长的员工提供平等上升机会。技术人员可沿着初级工程师、中级工程师、高级工程师、技术专家的路径深耕技术领域；市场营销人员能从市场专员逐步成长为市场经理、营销总监，拓展市场版图；职能支持人员同样有机会从专员晋升为部门主管、经理，强化企业运营管理根基。

无论员工初始学历、入职岗位起点如何，只要在岗位上持续学习、积累经验、创造价值，就能沿着适合自己的晋升阶梯稳步攀升。例如，一位从行政助理岗位起步的员工，通过自学人力资源管理知识，主动申请内部转岗至人力资源部，凭借出色的员工关系协调与培训组织能力，几年内逐步晋升为人力资源经理，实现个人职业的华丽转身。

(2) 公平选拔程序：能力业绩至上

在人才选拔晋升环节，企业严守公开、公平、公正的原则底线，构建严谨规范的选拔流程。职位空缺信息面向全体员工透明公开，选拔标准详细明确，涵盖专业技能、工作业绩、领导力潜能、团队协作等核心要素，让员工有清晰的奋斗目标。

选拔过程采用笔试、面试、述职演讲、民主测评等多环节综合评估，邀请内外部专家、高层领导、平级同事、直属下级共同参与，全方位考量候选人综合素质。杜绝暗箱操作、任人唯亲，确保真正有能力、有业绩的员工在聚光灯下脱颖而出，获得晋升发展机遇，让企业晋升机制成为激发员工持续奋进的强大引擎，推动企业人才梯队不断优化升级，迈向更高发展阶段。

(三) 尊重差异

尊重差异是包容性企业文化的重要特征，它强调企业对员工个体之间以及不同文化群体之间存在的各种差异的深刻理解、认可与珍视，并将这些差异视为企业创新发展的重要动力源泉。

在当今全球化与多元化并行的商业浪潮中，尊重差异已然成为企业脱颖而出、稳健前行的关键要素，它犹如一座灯塔，为企业在复杂多变的市场海洋中照亮前行的方向，指引着企业驶向创新与繁荣的彼岸。

1. 尊重差异于人力资源管理的深度渗透

(1) 招聘

招聘绝非简单的技能与经验筛选，而是一场精心策划的人才拼图构建。企业面对错综复杂的业务版图，岗位需求呈现出多元立体的态势。一个创新设计团队，既需要技术精湛、经验丰富的资深设计师来把控整体风格与质量，也离不开那些思维天马行空、充满奇思妙想的年轻新锐，他们能为作品注入新鲜活力。此时，企业在招聘标准设定上，若仅聚焦传统的专业硬指标，无疑将错过诸多潜在的“宝藏”人才。当把文化背景纳入考量范畴，能为团队带来不同地域艺术风格的碰撞融合；关注个性特点，内向沉稳者的细腻心思与外向奔放者的果敢冲劲相互补充，让团队氛围张弛有度；衡量价值观，确保新成员与企业长期发展愿景同频共振。如此多元考量下组建的团队，就像一台精密且动力澎湃的引擎，各部件协同发力，推动企业创新项目滚滚向前。

(2) 培训

踏入企业大门的员工，犹如形态各异的璞石，等待雕琢成璀璨美玉。依据员工学习风格差异，有的是视觉型学习者，擅长通过图像、视频快速吸收知识，企业便可定制可视化培训资料，如动画演示软件操作流程、案例剖析视频等；有的是听觉型，热衷讲座、交流分享，那就组织系列专家讲座、小组讨论沙龙；动手型员工则在实操模拟项目中成长最快，为他们搭建模拟工作场景的实训基地至关重要。知识水平参差不齐，为新手安排基础夯实课程，助其站稳脚跟；给进阶者提供前沿深度研习班，激发其探索前沿领域。针对跨文化员工，跨文化培训更是搭建理解桥梁。在跨国企业中，来自东方文化的员工重集体和谐、含蓄表达，西方员工强调个人成就、直抒胸臆，培训让双方了解彼此沟通密码，减少因误解产生的内耗，让团队协作如丝般顺滑。

2. 尊重差异在团队协作与沟通中的关键支撑

(1) 消弭文化误解的润滑剂

跨文化团队宛如一个小型“地球村”，成员带着各自家乡的文化烙印汇聚一堂。在项目讨论会上，东方成员出于谦逊，表达观点时委婉含蓄，西方成员可能误读为犹豫不决；西方成员习惯开门见山、据理力争，东方成员或许视作咄咄逼人。但在尊重差异的团队温床里，成员们主动求知，了解到东方文化的“留白”艺术与西方的“直白”风格背后的成因，冲突瞬间化为理解契机。曾经因误解频生而效率低下的团队，开始懂得欣赏不同表达方式背后的智慧，沟通障碍一一破除，项目推进重回正轨。

(2) 激发创意火花的催化剂

当成员以包容之心接纳差异，团队就成了创意的富矿。市场营销团队头脑风暴时，本土员工凭借对本地市场的洞察提出接地气的推广方案，外籍员工引入国际前沿营销理念，二者交织碰撞，诞生出既有本土亲和力又具国际范儿的全新策略。研发部门亦是如此，不同专业背景成员从各自学科视角审视问题，机械工程师的结构思维、电子工程师的电路智慧、材料专家的物质创新，多元思维跨界融合，攻克一道道技术难关，让产品从平凡走向卓越。

3. 尊重差异对产品研发与市场拓展的核心赋能

(1) 精准产品研发

深入不同地域市场调研，尊重差异让企业产品研发有的放矢。以智能家居为例，欧美家庭多为大空间独栋住宅，对全屋智能控制系统的远程管控范围、安防联动功能需求强烈；亚洲城市住宅紧凑，消费者更看重设备的小型化、节能性以及与有限空间的适配度。企业精准捕捉这些需求差异，欧美版产品强化远距离、多区域智能联动，亚洲版聚焦节能小巧、便捷安装，产品宛如为当地消费者量身定制的贴心伴侣，一经推出便迅速赢得市场青睐。

(2) 本土化营销

品牌宣传与营销推广环节，尊重文化差异是打开各国市场的金钥匙。美妆品牌进军亚洲市场，深知亚洲女性追求白皙、水润肌肤的审美偏好，广告画面主打清新透亮妆容，模特选用肌肤质感相近的亚洲面孔，宣传文案强调美白保湿功效；在欧美市场，则贴合当地崇尚健康小麦肤色、立体五官妆容的潮流，启用欧美模特展现个性张扬的彩妆魅力，文案突出产品塑造轮廓、凸显个性的能力。同时，营销渠道选择也因地制宜，在互联网普及度高、社交媒体活跃的地区强化线上互动营销；在传统商业氛围浓厚之地，结合线下专柜体验、展会活动提升品牌知名度。这般全方位本土化营销策略，让企业品牌跨越文化鸿沟，扎根异国土壤，收获全球声誉，实现市场版图的持续扩张。

(四) 协同性

协同性是包容性企业文化在企业组织行为层面的重要体现，它强调企业内部不同部门、不同团队以及不同文化背景的员工之间能够相互协作、相互配合，形成一个有机的整体，共同为实现企业的战略目标而努力奋斗。

在企业的组织架构设计方面，包容性企业文化促进了企业构建扁平化、网络化的组织架构，打破了传统层级式组织架构中部门之间的壁垒和信息孤岛现象，使得不同部门和团队之间能够更加便捷地进行沟通与协作。例如，在一些互联网企业中，采用了项目制或小组制的组织形式，根据项目需求或业务任务临时组建跨部门的项目团队，团队成员来自研发、市场、运营、设计等不同部门，他们在项目负责人的带领下，围绕共同的项目目标开展工作。在项目执行过程中，团队成员之间通过即时通信工具、项目管理软件等信息化手段进行实时沟通与协作，共享项目信息和资源，及时解决项目中出现的各种问题。这种扁平化、网络化的组织架构和协同工作方式，大大提高了企业的决策效率和市场响应速度，使得企业能够更加灵活地应对市场变化和客户需求。

在企业的业务流程优化方面，包容性文化推动了企业以客户为中心，对传统的业务流程进行重新梳理和整合，构建起跨部门的协同业务流程体系。例如，在一家制造企业的新产品研发过程中，研发部门、市场部门、生产部门、采购部门等多个部门需要密切协同配合。研发部门根据市场需求和技术发展趋势进行产品设计与开发；市场部门在研发过程中及时反馈客户需求和市场竞争信息，为产品研发提供市场导向；生产部门提前介入研发过程，从生产工艺和成本控制角度对产品设计提出建议，确保产品能够顺利实现量产；采购部门则根据研发和生产需求，及时采购所需的原材料和零部件，保障供应链的稳定。通过这种跨部门的协同业务流程，企业能够缩短新产品研发周期，提高产品质量，降低生产成本，提升企业的整体竞争力。

在企业的团队协作与文化建设方面，包容性企业文化培养了员工的团队合作精神和协同意识，使他们能够在跨文化团队中有效地发挥自己的作用，实现团队目标的最大化。企业通过开展团队建设活动、跨文化培训、建立团队激励机制等多种方式，营造良好的团队协作氛围，促进员工之间的相互信任与合作。例如，企业定期组织户外拓展训练、团队文化节等活动，增强团队成员之间的凝聚力和向心力；开展跨文化沟通与协作培训课程，提高员工的跨文化交流能力和团队协作技巧；建立以团队绩效为导向的激励机制，对表现优秀的团队和团队成员给予物质奖励和精神奖励，激发员工的团队合作积极性。在一个多元文化背景的项目团队中，成员们虽然来自不同的文化环境，但在包容性文化的熏陶下，他们能够充分发挥各自的优势，相互协作、相互支持，共同克服项目中遇到的各种困难和挑战，最终成功完成项目任务，为企业创造了价值。

第二节　企业文化建设中的多元融合实践

一、价值观融合：构建共通的信念基石

在多元化人力资源管理语境下，价值观融合是企业文化建设的核心环节。企业犹如一个多元文化的大熔炉，员工带着各自不同的价值观踏入这个熔炉，而企业的使命在于将这些多元价值观熔炼为一套共通且具有强大凝聚力的核心价值观体系。

（一）基于战略目标确定核心价值观框架

企业需要深入剖析自身的战略目标与长期愿景，以此为导向确定核心价值观的基本框架。例如，一家志在全球市场拓展的科技企业，其战略目标是通过创新科技改善人类生活品质并引领行业发展潮流。基于此，其核心价值观框架可能涵盖创新、卓越品质、全球视野与社会责任等要素。

（二）开展内部价值观研讨活动

企业内部广泛开展价值观研讨活动，鼓励不同层级、不同背景的员工参与其中，分享自己对于这些价值观的理解与感悟。这一过程不仅是企业向员工传递战略意图的契机，更是员工将个人价值观与企业价值观相互映照、相互融合的过程。例如，在研讨创新价值观时，研发部门的员工可能强调技术突破与产品差异化的重要性，而市场部门的员工则更关注创新如何满足客户不断变化的需求。通过充分的交流与碰撞，企业能够对核心价值观进行细化与完善，使其更具包容性与普适性。

在价值观研讨活动中，企业可以采用多种形式来激发员工的参与热情和深度思考。如举办价值观工作坊，邀请专业的企业文化顾问或学者作为引导者，通过小组讨论、头脑风暴、案例分析等方式，引导员工深入探讨每个核心价值观的内涵和外延。以创新价值观为例，引导者可以分享一些成功的创新案例，如苹果公司推出 iPhone 手机如何颠覆了传统手机行业，特斯拉在电动汽

车领域的创新如何改变了全球汽车产业格局等，然后让员工分组讨论这些案例中创新的体现、对企业和社会的影响以及如何在本企业中借鉴和推动类似的创新。在讨论过程中，员工们会从不同的角度提出自己的见解，研发人员可能会关注技术创新的研发流程和团队协作，市场人员会思考如何洞察市场需求来驱动创新，而财务人员可能会从成本控制和投资回报的角度对创新提出看法。通过这样的互动交流，企业能够更全面地理解创新价值观在各个业务环节的体现和要求，从而制定出更具操作性和针对性的创新战略与文化导向。

(三)将核心价值观融入日常管理

为了确保价值观融合的有效性，企业还需将核心价值观融入日常管理的各个环节。从员工招聘环节开始，便依据核心价值观设定相应的选拔标准，筛选出那些与企业价值观契合度较高的候选人。在新员工入职培训中，专门设置价值观教育课程，通过案例分析、角色扮演、小组讨论等多种形式，深入解读核心价值观的内涵与实践要求，帮助新员工深刻理解并认同企业价值观。

在绩效考核体系中，明确将价值观践行情况作为重要考核指标之一，对那些在工作中积极践行企业价值观的员工给予表彰与奖励，反之则进行辅导与纠正。例如，对于一个以团队合作为核心价值观之一的企业，在绩效考核中会重点考查员工在跨部门项目中的协作表现，包括沟通能力、资源共享态度、问题解决的协同性等方面，对于表现优秀的团队及个人给予额外的绩效加分与奖金激励。对于在价值观践行方面存在不足的员工，企业应建立相应的辅导机制。如安排导师进行一对一的辅导，导师可以根据员工的具体情况制订个性化的辅导计划，通过定期沟通、观察工作表现、提供反馈和建议等方式，帮助员工提升价值观践行能力。例如，如果员工在沟通能力方面存在不足，导师可以推荐相关的培训课程或书籍，提供沟通技巧的练习机会，如模拟会议发言、客户沟通场景演练等，并在实际工作中给予及时的指导和反馈，帮助员工逐步改进和提升。

同时，企业在员工晋升决策中也应充分考虑价值观因素。例如，在选拔部门经理时，除了考查候选人的专业知识、管理经验和领导能力外，还会重点评估其在团队建设中是否注重团队合作、员工发展等价值观的体现，是否在面对困难和挑战时能够秉持企业的创新和社会责任价值观做出正确的决策。通过将价值观融入晋升决策，企业能够确保各级管理人员都成为企业文化的积极传播者和践行者，从而带动全体员工共同营造一个价值观高度统一的企业文化氛围[①]。

二、文化活动融合：搭建多元互动的桥梁

文化活动是企业文化建设的生动载体，也是促进多元文化融合的有效途径。企业通过举办丰富多彩、形式多样的文化活动，为不同文化背景的员工提供了一个展示自我、相互了解、增进友谊的平台。

（一）地域特色文化节庆活动

企业可以组织具有地域特色与民族风情的文化节庆活动。例如，一家跨国企业在其全球各地的分支机构中，会根据当地的文化传统举办相应的节日庆祝活动。在中国的分支机构，会在春节期间举办盛大的联欢晚会，员工们可以表演传统的歌舞、戏曲、武术等节目，展示中国文化的独特魅力；在印度的分支机构，则会在排灯节期间举办灯展与文化集市，员工们可以体验印度传统手工艺制作、品尝特色美食、欣赏印度古典音乐与舞蹈。这些活动不仅让员工在异国他乡感受到家乡文化的温暖与亲切，也让其他地区的员工有机会深入了解不同文化的丰富多彩，促进了文化之间的相互尊重与欣赏。

在组织文化节庆活动时，企业可以充分发挥员工的主观能动性，鼓励他们积极参与活动的策划和组织工作。例如，成立由不同文化背景员工组成的活动筹备小组，负责确定活动的主题、内容、形式和流程等细节。在春节联欢晚会的筹备过程中，筹备小组中的中国员工可以负责传统节目编排、场地布置等工作，而其他国家的员工则可以参与到跨文化节目创作、宣传推广等环节。他们可以将自己国家的文化元素融入春节晚会中，如来自法国的员工可以组织一场中法文化交融的时装秀，展示中国传统服饰与法国时尚设计的结合；来自巴西的员工可以带来热情洋溢的桑巴舞表演，与中国的民族舞蹈相互辉映，为晚会增添独特的跨文化魅力。这样的活动策划方式不仅能够

① 王萍．从多元文化的视角创新建筑企业员工人力资源管理工作[J]．中外企业家，2013(26):153-154.

丰富活动的内容和形式，还能让员工在参与过程中更好地理解和融合不同文化，增强员工对企业多元文化的认同感和归属感。

（二）跨文化主题团队建设活动

企业可以开展跨文化主题的团队建设活动。例如，组织"文化探索之旅"的户外拓展活动，将员工分成若干小组，每个小组需要完成一系列与不同文化相关的任务挑战。在活动过程中，员工们需要通过团队协作、沟通交流和知识共享来完成任务，这不仅有助于提升员工的团队合作能力，还能加深他们对不同文化的了解和认识。例如，在学习异国舞蹈的任务中，小组内不同文化背景的员工可以相互学习、相互指导，共同创作出融合多种舞蹈元素的表演作品。在制作传统美食的环节，员工们需要了解不同国家美食的食材、烹饪方法和文化寓意，这促使他们主动去探索和交流不同文化的饮食文化，增进彼此之间的文化交流与理解。

（三）文化交流讲座与工作坊

企业还可以举办文化交流讲座、工作坊和研讨会等活动，邀请外部专家、学者或文化名人来企业分享不同文化的知识、历史、艺术和社会现象等内容。例如，举办"世界艺术鉴赏"讲座，邀请艺术史专家介绍不同国家和地区的绘画、雕塑、建筑等艺术形式的发展历程和特色；举办"跨文化商务沟通"工作坊，由专业培训师教授员工在国际商务活动中如何应对不同文化背景客户的沟通技巧和礼仪规范；举办"多元文化与企业创新"研讨会，组织企业内部员工与外部专家共同探讨多元文化对企业创新思维、产品研发和市场拓展的影响与作用。这些活动为员工提供了一个深入学习和交流多元文化的专业平台，拓宽了员工的文化视野，激发了他们的创新思维，促进了多元文化在企业内部的传播与融合。

在举办这些文化交流活动时，企业可以建立相应的反馈机制，鼓励员工分享自己的学习心得和体会，提出对活动的改进建议和新的文化交流需求。企业可以根据员工的反馈，不断优化活动的内容和形式，更好地满足员工对多元文化学习与交流的需求。

三、管理模式融合：适应多元团队的需求

在多元化人力资源管理中，管理模式的融合是确保企业高效运转的关键。传统的单一管理模式往往难以适应多元文化背景员工的不同需求和工作风格，因此企业需要探索和构建一种融合多种管理理念与方法的新型管理模式。

（一）多元视角引入决策过程

企业应在管理决策过程中引入多元视角。由于员工来自不同的文化背景，他们对问题的看法和解决思路可能存在差异。在制定重大决策时，企业应广泛征求不同部门、不同层级、不同文化背景员工的意见和建议。这些员工可能会从当地文化的角度出发，提出一些独特的见解，从而帮助企业制定出更具针对性和适应性的市场进入策略。

为了实现多元视角的有效整合，企业可以建立跨文化决策团队或咨询委员会。团队成员由来自不同文化背景、具有不同专业知识和工作经验的员工组成，他们在决策过程中充分发挥各自的优势，对各种方案进行全面、深入的分析和评估。例如，在一个新产品研发项目的决策过程中，跨文化决策团队可能包括研发部门的技术专家、市场部门的营销人员、来自不同地区的销售代表以及法务部门的专业人士等。技术专家从技术可行性和创新性角度提供意见，营销人员关注市场需求和产品定位，销售代表则根据当地市场的实际销售情况和客户反馈提出建议，法务部门负责评估项目的法律风险。通过这样的跨文化决策团队，企业能够在决策过程中充分考虑多元文化因素，避免因文化偏见或忽视文化差异而导致的决策失误。

（二）灵活适配领导风格

企业的领导风格应具有灵活性和适应性。在多元化团队中，不同文化背景的员工对领导方式的接受程度和期望可能不同。有些文化背景的员工可能更倾向于权威式领导，注重领导的指令和决策；而有些员工则更适应民主式领导，希望能够参与决策过程并表达自己的意见。因此，企业管理者需要根据团队成员的文化特点和工作情境，灵活调整领导风格。

管理者还可以通过培训和学习，提升自己的跨文化领导能力。了解不

同文化背景下的领导理论和实践经验，掌握有效的跨文化沟通技巧和团队激励方法。例如，学习如何在多元文化团队中进行有效的反馈和批评，避免因文化差异而引起的误解或冲突。

（三）管理体系流程适应性变革

企业的管理体系与流程有必要开展适应性变革。鉴于员工文化背景存在差异，其工作习惯与价值理念各有不同，因而需对工作时间规划、绩效考评模式以及薪酬福利体系予以优化。就工作时间规划而言，针对部分重视个人生活与工作平衡的员工群体，可赋予员工在特定区间内自主规划工作时段的权限；而对于那些秉持集体利益优先且具有加班传统的地区，可借助合理的加班报酬机制与团队激励手段，保障员工的付出与收获相匹配。在绩效考评模式方面，鉴于不同文化背景下员工对工作成果与工作流程的侧重程度有别，应设计综合性考核指标。对于侧重工作成果的员工，可提升业绩指标所占权重；对于关注工作流程与团队协作的员工，则增添团队合作表现、工作态度等考核维度。在薪酬福利体系方面，综合考量不同国家与地区的经济状况、生活成本以及文化风俗，构建富有竞争力与吸引力的薪酬福利体系。

通过管理模式的融合，企业能够更好地适应多元文化背景员工的需求，充分发挥他们的优势，提高团队的凝聚力和工作效率，为企业在全球化竞争中赢得优势奠定坚实的基础。

第三章　多元文化背景下的人力管理挑战

第一节　价值观多元化与团队协作困境

一、目标共识难以达成

(一) 个人目标与团队目标的冲突

在多元文化团队中，由于成员来自不同的文化背景，其个人价值观存在显著差异，这往往导致个人目标与团队目标之间容易产生冲突。例如，在一个由来自美国、日本和印度的员工组成的软件开发团队中，美国员工可能更注重个人在项目中的技术突破和职业声誉的提升，将完成具有挑战性的个人任务视为首要目标；日本员工则可能更倾向于维护团队的和谐与稳定，把团队整体的有序推进放在重要位置；而印度员工可能受到其文化中对家族和社会地位重视的影响，期望通过项目成果为自己在家族和社交圈子中赢得更多尊重，其个人目标可能侧重于获得更多展示自己的机会以提升社会影响力。

这种个人目标的差异会使得在团队协作过程中，成员们对于任务的优先级和资源分配产生不同的看法。美国员工可能会为了追求个人技术成就而争取更多的项目资源和时间，这可能与日本员工追求团队均衡推进以及印度员工渴望更多曝光机会的需求产生矛盾。例如，在项目资源有限的情况下，美国员工可能希望将大部分资源投入技术研发环节以实现个人技术创新，而日本员工可能认为应该平均分配资源以保障团队各个部分的平稳运行，印度员工则可能极力主张将资源向能够展示个人成果的模块倾斜，从而导致团队内部在资源分配上的分歧和争论，严重影响团队协作的效率和效果。

此外，不同文化背景下对成功的定义和衡量标准也不尽相同，这进一步加剧了个人目标与团队目标的冲突。在西方文化中，成功往往与个人的成就、财富和地位紧密相连；而在东方文化中，成功可能更多地被视为对团队或集体的贡献以及个人品德和修养的提升。例如，在一个跨国营销团队中，西方员工可能将个人销售额的突破视为成功的关键标志，因此在工作中会更专注于个人业绩的提升，而忽视团队整体的营销战略和品牌形象建设；东方员工则可能更注重团队整体市场份额的扩大以及客户满意度的提升，认为这才是真正意义上的成功，从而在工作重点和策略上与西方员工产生分歧，导致团队难以形成统一的目标和行动方向。

（二）短期目标与长期目标的失衡

价值观多元化还可能导致团队在短期目标与长期目标的设定和追求上出现失衡。在一些文化中，如美国和部分欧洲国家，人们更倾向于关注短期利益和即时成果，追求快速的回报和成就感。这种价值观反映在团队协作中，表现为部分成员过于注重项目的短期目标，如尽快完成当前阶段的任务、获取短期的经济效益等，而忽视了项目的长期发展规划和可持续性。例如，在一个新产品研发团队中，美国员工可能希望能够尽快推出产品，抢占市场先机，以获取短期的销售利润和市场份额，因此可能会在产品研发过程中压缩一些必要的测试和优化环节，忽视产品的长期质量稳定性和技术创新性。

相反，在一些亚洲国家和地区，如日本、韩国和中国，人们更注重长远的规划和持续的发展，愿意为了实现长期目标而付出更多的时间和努力。在团队协作中，这些文化背景下的成员可能会更强调项目的长期战略意义和品牌价值的积累，主张在产品研发过程中进行充分的市场调研、技术研发和质量把控，即使这意味着需要延长项目周期和牺牲部分短期利益。例如，日本机构在产品研发过程中，往往会投入大量的时间和资源进行基础技术研究和产品细节优化，以打造具有长期竞争力的高品质产品，而这种注重长期目标的做法可能会与注重短期目标的团队成员产生冲突，导致团队在项目进度安排、资源分配等方面出现矛盾，影响团队的协作效率和项目的整体推进[①]。

① 王薇．浅析加强企业人力资源管理与构建和谐劳动关系 [J]. 中国商论，2022(5):130-132.

二、沟通障碍与误解频发

（一）语言与语义差异

语言是团队沟通的重要工具，但在多元文化团队中，语言与语义差异成为沟通的首要障碍。即使团队成员都使用同一种通用语言，如英语，但由于不同文化背景下的语言习惯、词汇含义、语法结构和表达方式存在差异，仍然可能导致信息传递的不准确和误解。例如，在英语表达中，“yes”这个词在不同的语境和文化背景下可能有不同的含义。在美国文化中，“yes”通常表示明确的同意或肯定；而在英国文化中，“yes”可能带有一定的犹豫或保留；在日本文化中，即使员工说“yes”，往往表示“我听到了”或“我理解了”，而非真正意义上的同意。这种语义上的微妙差异在团队讨论和决策过程中可能会引发严重的问题。

在一次跨国项目会议上，美国团队成员提出了一个项目方案，询问日本团队成员的意见，日本成员回答“yes”。美国成员以为日本成员完全同意该方案，于是按照方案推进项目。然而，在后续的执行过程中，日本成员却表现出与方案不一致的行动，这使得美国成员感到困惑和不满。经过深入沟通才发现，日本成员所说的“yes”只是表示他们理解了方案内容，而对于方案中的一些细节和潜在风险仍有疑虑，但由于文化习惯的原因没有直接表达反对意见。

此外，不同文化背景下的语言表达方式也存在差异。一些文化倾向于直接、明确的表达方式，如美国文化；而另一些文化则更注重含蓄、委婉的表达，如日本和中国文化。在团队协作中，这种表达方式的差异可能会导致信息传递的不畅。例如，美国员工在向中国同事提出工作要求时，可能会使用比较直接的语言，如“这个任务必须在明天之前完成”，这种表达方式可能会被中国同事视为过于强硬和不礼貌，从而影响他们的工作积极性和合作意愿；而中国员工在向美国同事反馈问题时，可能会采用比较委婉的方式，如“这个方案可能存在一些小问题，我们是不是可以再考虑一下”，美国同事可能会误解中国同事的意思，认为问题并不严重，不需要过多关注，从而导致问题得不到及时解决，影响团队协作的效果。

(二) 非语言沟通差异

除了语言与语义差异外，非语言沟通差异也是多元文化团队协作中容易被忽视但却极为重要的沟通障碍。非语言沟通包括肢体语言、面部表情、眼神交流、身体距离等方面，不同文化对这些非语言信号的理解和运用存在很大差异。例如，在肢体语言方面，西方人通常比较开放和直接，在表达观点或强调重点时可能会使用较大幅度的手势；而东方人则相对含蓄，手势使用较少且幅度较小。在一次跨文化商务谈判中，美国谈判代表在阐述自己的观点时，频繁使用大幅度的手势，这可能会被日本谈判代表视为过于张扬和傲慢，从而影响对其观点的接受度；而日本谈判代表在倾听时，可能会保持较为安静和内敛的姿态，这可能会被美国谈判代表误解为对谈判缺乏兴趣或不重视。

面部表情也是非语言沟通的重要组成部分，但不同文化对面部表情的解读存在差异。在西方文化中，微笑通常被视为友好、愉快和积极的信号；而在一些亚洲文化中，微笑可能不仅仅表示愉快，还可能用于掩饰尴尬、不满或不同意。例如，在一个多元文化团队的会议上，美国成员提出了一个可能不太合适的建议，日本成员可能会面带微笑地倾听，但这并不意味着他们认同这个建议，美国成员如果按照自己文化中对面部表情的理解，可能会误以为日本成员对建议表示满意，从而继续推进该建议，导致团队决策失误。

眼神交流在不同文化中的含义和规范也各不相同。在西方社会体系里，直视对方的眼睛被视为诚实、自信和尊重的表现；在部分亚洲地区的文化语境之下，长时间直视对方的眼睛可能被视为不礼貌或具有挑衅性。例如，在与韩国同事交流时，如果一直保持强烈的眼神交流，可能会让韩国同事感到不舒服，从而影响沟通的氛围和效果。身体距离同样是一个重要的非语言沟通因素，不同文化对个人空间的要求不同。西方社会交往习惯中，人们通常需要较大的个人空间，在交流时彼此之间的距离相对较远；亚洲部分地区的文化习俗里，人们对个人空间的要求相对较小，交流时的距离也更近。在团队协作中，如果不了解这些差异，可能会导致成员之间在身体距离上产生不适和误解，影响沟通的顺畅进行。

三、信任建立与维护艰难

(一) 文化偏见与刻板印象

在多元文化团队中，文化偏见与刻板印象严重阻碍了信任的建立与维护。由于不同文化之间存在差异，成员们可能会基于自己的文化经验和认知，对其他文化背景的成员形成先入为主的偏见和刻板印象。例如，一些西方员工可能会认为亚洲员工普遍比较保守、缺乏创新精神，而亚洲员工可能会觉得西方员工缺乏团队合作意识。这些偏见和刻板印象会影响成员之间的初始互动和相互评价，使得他们在合作之前就对彼此产生不信任感。

在一个国际项目团队中，美国成员在与印度成员初次合作时，可能会因为印度文化中对等级制度的重视以及相对缓慢的决策过程，而认为印度成员缺乏灵活性和效率，从而在项目分配任务时对印度成员不够信任，给予他们相对次要的任务；印度成员则可能会因为美国文化中强调个人主义和竞争意识，而担心美国成员会为了个人利益而忽视团队整体利益，在合作过程中对美国成员保持警惕。这种基于文化偏见和刻板印象的不信任会影响团队成员之间的沟通和协作效率，增加团队内部的矛盾和冲突，甚至可能导致项目失败。

(二) 不同信任模式的差异

不同文化背景下存在着不同的信任模式，这也给多元文化团队中的信任建立带来了挑战。在一些西方文化中，信任通常是基于制度、契约和个人能力建立起来的。人们相信通过完善的法律制度、合同条款和明确的绩效评估机制，可以保障各方的权益和合作的顺利进行。在团队协作中，西方成员会更注重对个人专业能力的考查和对合作协议的遵守。例如，在一个欧美机构的合作项目中，双方会在项目开始前签订详细的合同，明确各自的权利和义务、项目的目标、进度安排、质量标准等内容，在合作过程中，双方会依据合同条款和个人的绩效表现来评估彼此的信任度，如果一方未能履行合同义务或表现出专业能力不足，信任关系就会受到严重影响。

而在一些亚洲文化中，信任更多地建立在人际关系、情感纽带和长期交往的基础上。人们更倾向于与熟悉的、有良好人际关系的人合作，并且在合作过程中注重相互之间的情感交流和忠诚度的培养。例如，在日本机构中，员工之间的信任往往是在长期的共事过程中逐渐形成的，他们会通过参加公司组织的各种社交活动、团队建设活动等方式，增进彼此的了解和感情，建立起深厚的信任关系。在这种信任模式下，团队成员在合作时可能会更注重团队内部的和谐与稳定，愿意为了维护团队关系而做出一定的妥协和让步。

在多元文化团队中，这两种信任模式的差异可能会导致误解和冲突。西方成员可能会认为亚洲成员过于注重人际关系，而忽视了制度和契约的重要性；亚洲成员则可能会觉得西方成员过于冷漠和功利，只看重个人利益和合同条款，缺乏真正的团队合作精神。例如，在一个由欧美和亚洲机构组成的合资项目中，欧美方可能会按照合同规定严格要求亚洲方在规定时间内完成某项任务，而亚洲方可能会因为注重团队关系和内部协调，未能按时完成任务，导致欧美方对亚洲方的信任度下降；亚洲方则可能会认为欧美方过于强硬和不近人情，不理解他们在团队协调方面所做的努力，从而影响双方的合作关系和团队的信任氛围。

第二节　跨文化沟通与协调的有效策略

一、跨文化培训：提升员工文化敏感度

（一）文化价值观

跨文化培训是增强员工文化敏感度，促进跨文化沟通与协调的重要基础。培训内容首先应涵盖对不同文化价值观、信仰体系以及社会习俗的深入讲解。例如，介绍儒家文化中对家庭伦理、等级秩序和人际关系和谐的重视，让员工理解在一些亚洲国家如中国、韩国和日本等，团队合作往往强调集体利益高于个人利益，决策过程可能更倾向于征求多方意见并达成共识，而非单纯由个人主导。对比之下，也让员工理解西方文化中个人主义的核心地位，如在美国和欧洲部分国家，个人成就、独立思考和自我表达在工作与生活中备受推崇，员工在职业发展中更注重个人能力提升与个人目标实现，决策时也更鼓励个体的创新见解。当员工了解到这些文化差异后，在跨文化

团队协作中就能更好地理解不同成员的行为动机和决策方式。

(二) 语言表达差异

除了价值观层面，跨文化培训还需聚焦于不同文化在语言表达与非语言沟通方面的差异。在语言表达上，一些语言较为直接、简洁，如英语在商务沟通中常直切主题，传达关键信息；而另一些语言则较为委婉、含蓄，像日语中常使用大量敬语和暗示性词汇来表达观点，避免过于直接的表述以免冒犯对方。培训可通过案例分析、角色扮演等方式，让员工熟悉不同语言风格的特点，并练习如何在跨文化交流中准确理解对方的意图。例如，在商务谈判场景模拟中，员工分别扮演不同文化背景的角色，体验在面对直接与委婉语言表达时如何进行有效的回应与沟通，以提高他们的语言适应能力。

(三) 非语言沟通差异

非语言沟通方面，不同文化在肢体语言、面部表情、眼神交流以及个人空间的使用上都存在显著差异。例如，在西方文化中，眼神交流被视为自信和真诚的表现，而在部分亚洲文化中，过度的直视可能被认为是不礼貌或具有攻击性的行为；在个人空间上，美国人通常需要较大的个人空间，而阿拉伯人在交流时则倾向于保持较近的距离。跨文化培训可借助视频资料、现场演示等手段，向员工展示这些非语言差异，并引导他们在实际沟通中尊重和适应对方的非语言习惯。比如，培训员工在与阿拉伯同事交流时，不要因对方靠近而不自觉地后退，以免给对方造成误解，破坏沟通氛围。通过这些多维度的跨文化培训，员工能够逐渐提升自身的文化敏感度，为有效的跨文化沟通与协调奠定坚实的基础。

二、建立多元文化沟通渠道：促进信息流通与共享

(一) 多语言交流平台

建立多元文化沟通渠道是确保跨文化团队内部信息流畅传递、共享的关键环节。首先，企业应搭建多语言交流平台，以满足不同语言背景员工的沟通需求。例如，在跨国公司内部的办公软件中设置多语言版本的即时通信

工具和项目管理系统，员工可以根据自己的语言习惯选择使用相应语言进行日常工作交流和项目协作。同时，在重要的会议和文档资料方面，提供实时翻译服务或多语言版本，确保信息不会因语言障碍而失真或延误传递。如在公司的全球视频会议中，安排专业的翻译人员进行同声传译，或者利用先进的人工智能翻译技术为参会者提供实时字幕翻译，使来自不同国家的员工都能准确理解会议内容，参与讨论和决策。

（二）沟通方式多样化

除了语言层面的支持，企业还需构建多样化的沟通方式和渠道，以适应不同文化背景员工的沟通偏好。在一些文化中，员工较为习惯通过电子邮件、线上会议等数字化方式进行正式的工作沟通，这些方式注重信息的准确性和效率。而在其他文化中，员工可能更倾向于面对面交流或电话沟通，因为这种方式能够更好地传达情感、建立信任关系。企业应充分认识到这些差异，鼓励员工采用多种沟通方式相结合的策略。

（三）跨文化交流社区

企业还应建立内部的跨文化交流社区或论坛，为员工提供一个非正式的沟通平台。在这个平台上，员工可以分享自己国家或地区的文化习俗、工作经验、行业动态等信息，增进彼此的了解和认识。通过这种信息的交流与共享，员工能够拓宽视野，同时也有助于打破文化隔阂，营造一个开放、包容的多元文化沟通氛围，提高团队的整体创新能力和协作效率[①]。

三、制定跨文化沟通规范：明确沟通原则与方式

（一）确立尊重与包容的基本原则

制定明确的跨文化沟通规范是保障跨文化沟通与协调有序进行的重要准则。要确立尊重与包容的基本原则。在跨文化沟通中，无论对方的文化背景、价值观与自己有多大差异，都应秉持尊重的态度，避免因文化偏见或歧视而引发冲突。

① 李会娟．人力资源管理效能提升的策略研究 [J]. 财讯，2024(18):46–48.

(二) 规范语言使用的准确性与清晰度

由于不同文化背景下语言的含义和表达方式存在差异，为避免误解，在跨文化沟通中要求员工尽量使用简洁、明确的语言，避免使用过于专业、生僻或带有文化隐喻的词汇和语句。在表达复杂概念或意见时，可采用举例、解释、重复确认等方式确保对方准确理解。例如，在与非英语母语国家的员工沟通时，避免使用过多的英语俚语、缩写词或行业行话，对于一些容易产生歧义的词汇，如“quite”(在英式英语中可表示“相当”或“很”，在美式英语中有时也有“有点”的意思)，应根据语境进行清晰的解释或换用更精准恰当的词汇。同时，在书面沟通中，注重语法、标点的正确使用，合理组织段落结构，使信息呈现更加清晰、有条理。企业可提供语言培训课程和写作规范指南，帮助员工提升语言表达能力，尤其是在跨文化商务写作方面的技能。

(三) 明确沟通中的反馈机制

跨文化沟通中及时的反馈对于确保信息传递的有效性至关重要。员工在接收信息后，应在规定的时间内给予反馈，表明是否理解信息内容，若有疑问或不同意见应及时提出。反馈的方式可以根据沟通情境和对方文化背景进行选择，如在一些注重效率的文化中，可采用简洁明了的电子邮件或即时通信回复；在一些强调人际关系的文化中，面对面交流或电话沟通可能更为合适。例如，在一个跨国项目的进度汇报环节，如果美国团队成员向日本团队成员发送了项目更新邮件，日本团队成员应在合理时间内(如24小时内)回复邮件确认收到，并简要说明对邮件内容的理解情况或提出需要进一步沟通的问题。若涉及重要决策或复杂问题的讨论，双方可安排视频会议进行深入交流，确保信息的准确传递和共识的达成。通过建立这样一套完善的反馈机制，能够有效减少因信息误解或延误而导致的沟通不畅和项目风险。

(四) 设定沟通中的礼仪规范

不同文化有着不同的礼仪习俗，这些礼仪在跨文化沟通中可能会影响对方对自己的印象和沟通氛围。企业应制定适用于跨文化沟通的礼仪规范，涵盖会议礼仪、商务宴请礼仪、日常交往礼仪等方面。例如，在会议礼仪方面，了解到在一些亚洲文化中，会议开始时的寒暄和互相问候是建立良好关系的重要环节，而在西方文化中则更注重会议的准时开始和高效进行；在商务宴请礼仪中，熟悉不同国家的餐桌礼仪，如在中国使用筷子的礼仪、在法国用餐时的餐具使用顺序等，避免因礼仪不当而造成尴尬或失礼。员工在跨文化沟通中遵循这些礼仪规范，能够展现出对对方文化的尊重和自身的文化素养，有助于建立良好的合作关系，促进跨文化沟通与协调的顺利进行。

四、培养跨文化团队领导：引领团队跨越文化差异

培养具有跨文化能力的团队领导是带领跨文化团队成功应对文化差异挑战的关键因素。

（一）文化知识储备

跨文化团队领导应具备深厚的文化知识储备，熟悉不同文化的价值观、信仰、习俗、沟通方式以及管理风格等方面的特点。例如，了解到德国文化注重严谨、秩序和质量，在领导德国员工时，强调工作计划的精确性、遵守规章制度的重要性以及对产品质量的高标准要求；而在领导巴西员工时，考虑到巴西文化中对人际关系、热情活力和灵活性的重视，注重与员工建立良好的个人关系，在工作安排上给予一定的弹性空间，鼓励员工发挥创造力和主动性。通过这种对不同文化的深入了解，团队领导能够更好地理解团队成员的行为模式和工作需求，为有效的领导和管理奠定基础。

（二）卓越的沟通能力

跨文化团队领导还需具备卓越的跨文化沟通能力。这不仅包括熟练掌握多种语言工具，能够在不同语言环境下进行有效的沟通交流，更重要的是能够敏锐地感知和理解文化差异对沟通的影响，并运用适当的沟通技巧进行调整。例如，在与阿拉伯团队成员沟通时，领导要注意阿拉伯语的语言特点和文化内涵，避免因语言误解而产生冲突；同时，在沟通风格上，根据阿拉伯文化中注重情感交流和人际关系的特点，采用较为热情、亲切的语气和表达方式，而不是过于生硬、冷淡的商务风格。在面对团队内部的文化冲突

时，领导能够以中立、客观的态度进行调解，引导双方理解彼此的文化背景和立场，寻求共同的利益点和解决方案。

（三）氛围营造：凝聚团队力量

跨文化团队领导应善于营造包容、和谐的团队文化氛围。鼓励团队成员积极分享各自的文化特色和工作经验，促进文化的相互学习和融合。领导要建立公平、公正的团队评价和激励机制，充分考虑不同文化背景成员的工作特点和贡献方式，避免因文化偏见而导致的评价不公。通过这些方式，跨文化团队领导能够引领团队跨越文化差异，实现高效的沟通与协作，达成团队的目标和使命。

第四章　多元化招聘与人才选拔策略

第一节　构建适应多元需求的招聘标准体系

一、多元化招聘标准的内涵与维度

（一）知识技能与专业能力

在当今多元化的商业环境中，企业构建适应多元需求的招聘标准体系时，知识技能与专业能力无疑是关键的考量维度。不同行业、不同岗位对知识技能的要求千差万别。以科技行业为例，软件研发岗位需要应聘者具备扎实的编程基础，如熟练掌握 Java、Python 等编程语言，熟悉常用的开发框架和数据库管理系统；硬件工程师则要对电子电路原理、芯片设计与制造工艺等有深入的理解。而在金融领域，投资分析师需要精通金融市场分析、财务报表解读、风险评估模型构建等专业知识；银行柜员则应熟悉银行业务流程、金融法规以及客户服务技巧。

专业能力不仅局限于理论知识的掌握，还包括实际操作和解决问题的能力。例如，对于一名市场营销专员，除了具备市场营销学的理论知识外，还需拥有市场调研、品牌推广、活动策划与执行等实际业务能力。能够运用数据分析工具对市场数据进行收集、整理和分析，从而精准定位目标客户群体，制定有效的营销策略，并组织实施各类营销活动，对活动效果进行评估和优化。在招聘过程中，企业可以通过多种方式考查应聘者的知识技能与专业能力。如笔试可以测试应聘者对专业知识的掌握程度；实际操作考核能够检验其专业技能的熟练水平；案例分析和情景模拟则可评估其运用专业知识解决实际问题的能力。

(二) 文化适应性与跨文化能力

随着全球化进程的加速，企业的业务范围不断拓展到世界各地，文化适应性与跨文化能力成为招聘标准体系中日益重要的维度。文化适应性是指应聘者能够理解、接受并融入不同文化环境的能力。在跨国企业或多元文化团队中工作，员工会面临来自不同国家、地区、民族的文化差异，包括价值观、信仰、风俗习惯、沟通方式等方面。例如，在一些亚洲文化中，注重集体主义和团队和谐，员工在决策过程中往往更倾向于遵循集体意见；而在西方文化中，个人主义较为突出，个人的创新和独立思考受到高度重视。应聘者若能理解并尊重这些差异，在与不同文化背景的同事合作时，就能避免因文化冲突而产生的误解和矛盾，更好地适应多元文化工作环境。

跨文化能力则进一步要求应聘者具备在不同文化间进行有效沟通、协作和协调的能力。这包括跨文化沟通能力，如掌握多种语言或能够在通用语言的基础上理解不同文化背景下语言表达的差异，了解非语言沟通信号(如肢体语言、面部表情等)在不同文化中的含义；跨文化协作能力，即能够与不同文化背景的团队成员共同完成工作任务，在团队合作中充分发挥自己的优势，同时尊重和整合他人的意见和建议，促进团队的和谐与高效运作；跨文化协调能力，当面临文化差异引发的冲突或问题时，能够运用合适的策略和方法进行调解和解决，维护良好的工作关系和团队氛围。例如，在一个成员来自美国、日本和印度等多个国家的国际项目团队中，美国成员可能更注重项目进度和效率，日本成员强调质量和细节，印度成员则可能在沟通风格上较为委婉。具有跨文化能力的员工能够敏锐地感知到这些差异，通过有效的沟通和协调，制订出兼顾各方需求的项目计划和工作方案，确保项目顺利推进。企业可以通过面试中的文化背景询问、案例分析以及角色扮演等方式，对应聘者的文化适应性和跨文化能力进行评估。

(三) 个人特质与软技能

除了知识技能和文化适应能力，个人特质与软技能也是多元化招聘标准体系中不可或缺的部分。个人特质包括性格、态度、价值观等方面，这些特质会在很大程度上影响员工在工作中的表现和与他人的相处方式。例如，积极乐观的性格有助于员工在面对工作压力和挑战时保持良好的心态，勇于迎接困难并努力寻找解决方案；责任心强的员工会对自己的工作任务高度负责，注重工作质量和细节，尽力确保工作的准确性和完整性；具有创新精神的员工敢于突破传统思维模式，提出新颖的想法和观点，为企业的创新发展提供动力。

软技能则涵盖了沟通能力、团队合作能力、领导能力、学习能力、适应能力等多个方面。良好的沟通能力是企业内部信息传递和团队协作的基础，员工需要能够清晰、准确地表达自己的想法和观点，同时善于倾听他人的意见和反馈，无论是与上级领导、同事还是客户进行沟通，都能建立有效的沟通渠道，避免误解和信息不畅。团队合作能力要求员工能够与团队成员相互信任、相互支持，在团队中发挥自己的角色作用，共同为实现团队目标而努力。在团队合作过程中，能够理解和包容不同成员的个性和工作方式，积极参与团队讨论和决策，协调团队内部关系，促进团队凝聚力的提升。领导能力并非仅针对管理岗位，在项目团队或工作小组中，具备一定领导能力的员工能够主动承担责任，引领团队前进的方向，激励团队成员发挥潜力，合理分配工作任务，协调资源，确保项目或任务的顺利完成。学习能力在当今快速发展的时代尤为重要，员工需要具备快速学习新知识、新技能的能力，以适应不断变化的市场环境和企业业务发展需求。适应能力则体现在员工能够迅速适应新的工作环境、工作内容和工作要求，无论是岗位调动、业务转型还是企业战略调整，都能快速调整自己的状态和工作方式，融入新的工作情境。企业可以通过行为面试、心理测试、小组讨论等多种方式来考查应聘者的个人特质和软技能。

二、制定多元化招聘标准的原则与方法

（一）基于岗位需求与企业战略

制定多元化招聘标准的首要原则是紧密结合岗位需求与企业战略。企业战略犹如灯塔，指引着组织前行的方向，决定了企业在市场竞争中的定位与长期发展目标。而岗位需求则是构建企业这座大厦的每一块基石，是实现企业战略的具体支撑点。例如，若企业战略是致力于成为全球领先的绿色能

源解决方案提供商，专注于可再生能源技术的研发与应用推广，那么对于研发岗位的招聘标准就必须高度契合这一战略导向。研发人员不仅需要精通新能源领域如太阳能、风能、水能等方面的专业技术知识，包括能源转换原理、储能技术、系统集成等，还应具备强大的创新能力，能够突破传统思维局限，探索更高效、更环保、更具成本效益的绿色能源解决方案。他们要时刻关注全球范围内新能源行业的前沿科研成果、政策动态以及技术突破，将这些外部信息与企业内部的研发资源和项目需求有机结合，为企业在激烈的绿色能源市场竞争中持续注入创新动力，助力企业战略目标的稳步实现。

从岗位需求的微观层面剖析，每个岗位都有其独特的职责范畴、工作任务流程以及与之相匹配的知识技能、能力素质和工作环境要求。以市场营销岗位为例，其核心职责在于精准洞察市场动态、深入挖掘客户需求、有效制定并执行营销策略，以实现企业产品或服务的市场价值最大化。因此，招聘标准应着重突出敏锐的市场洞察力、卓越的市场分析与策划能力、出色的沟通协调与团队合作能力以及对组织产品或服务的全方位深入理解。市场营销人员需要在复杂多变的市场环境中，运用各种市场调研工具和方法，收集并分析海量的市场信息，准确识别潜在的市场机会与威胁，进而制定出针对性强、创新性高的市场营销策略。在执行过程中，他们要与企业内部的研发、生产、销售等多个部门密切协作，确保营销策略的有效落地实施。同时，通过与外部客户、合作伙伴、媒体等的广泛沟通与互动，建立并维护良好的企业形象与客户关系网络，促进产品或服务的市场推广与销售业绩提升。为确保招聘标准与岗位实际需求的无缝对接，企业必须对每个岗位展开详尽的工作分析。这一过程犹如绘制一幅精细的岗位蓝图，涵盖岗位的工作内容细节、工作流程步骤、所需知识技能的深度与广度、能力素质的具体表现特征以及工作环境的物理与人文要素等。借助岗位说明书这一有力工具，将上述岗位需求信息进行系统梳理与详细记录，使招聘标准的制定有据可依，精准无误，从而为企业选拔出最符合岗位需求、最能推动企业战略实施的优秀人才。

（二）兼顾多样性与平衡性

在制定多元化招聘标准时，要兼顾多样性与平衡性。多样性恰似一幅色彩斑斓的画卷，体现在招聘标准应涵盖多个维度的丰富考量，绝不能局限于单一维度的片面评价。例如，在招聘一个国际商务拓展岗位时，除了考查应聘者在国际贸易、商务谈判、市场分析等方面的专业知识与实践经验外，还需深入探究其跨文化沟通与交流能力。这包括对不同国家和地区商业文化、风俗习惯、价值观念的理解与尊重，以及在跨文化商务场景中灵活运用沟通技巧、化解文化冲突的能力。同时，个人特质方面的考量也不可或缺，如应聘者是否具备坚韧不拔的毅力、强大的心理抗压能力、敏锐的应变能力以及卓越的领导才能与团队协作精神。在国际商务拓展的征程中，面对复杂多变的国际市场环境、激烈的全球竞争压力以及不同文化背景下的商业挑战与机遇，这些多元化的能力与特质将共同构成应聘者在该岗位上取得成功的关键要素。

平衡性则要求在不同维度的招聘标准之间巧妙地找到合理的权重分配，恰似在天平两端精心调配砝码，确保各个维度之间相互协调、相互补充，共同支撑起招聘决策的科学性与合理性。例如，对于一个软件研发团队中的项目经理岗位，虽然项目管理专业知识和经验无疑是核心要求，但如果过度偏重这一维度，而完全忽视了技术背景知识、沟通能力以及团队合作能力的考查，极有可能导致项目经理在实际工作中陷入困境。在项目执行过程中，项目经理需要与技术团队成员进行深入的技术交流与沟通，理解项目的技术架构与实现细节，以便更好地制订项目计划、分配任务资源并监控项目进度。同时，良好的团队合作能力能够使项目经理有效地协调团队成员之间的关系，激发团队的凝聚力与创造力，确保项目在和谐有序的团队氛围中顺利推进。因此，在制定招聘标准时，企业需要依据岗位的独特特点和实际运营需求，运用科学的方法综合考量各维度的重要性，合理确定其权重。例如，可以采用层次分析法等专业工具，对不同维度进行两两比较，构建严谨的判断矩阵，通过精确的数学计算得出各维度的相对权重，从而实现招聘标准的平衡性优化。此外，在招聘实践过程中，企业还需保持高度的灵活性，根据企业内外部环境的实时变化情况，适时调整权重分配。比如，当企业所处行业正处于快速全球化进程中，国际业务拓展成为企业发展的关键驱动力时，企业可适当提高跨文化能力和国际商务经验在招聘标准中的权重占比；而当企业处于内部业务转型或创新驱动发展阶段，对员工的学习能力、创新思维和适应能力提出更高要求时，则应相应增加这几个维度在招聘标准中的考量权重，确保招聘标准始终与企业的动态发展需求紧密契合[①]。

（三）动态调整与持续优化

招聘标准并非刻舟求剑式的固定不变，而是需要根据企业内外部环境的持续变化进行动态调整与持续优化。企业外部环境的风云变幻涵盖市场竞争态势的起伏跌宕、行业发展趋势的日新月异、技术创新速度的突飞猛进以及法律法规政策的推陈出新等诸多方面。例如，随着大数据、人工智能、区块链等新兴技术的迅猛发展，众多传统行业如制造业、金融业、医疗业等正经历着深刻的数字化转型变革浪潮。在这种数字化革命的大背景下，企业对于相关岗位的招聘标准必须与时俱进，迅速做出调整。对于数据分析师岗位，除了传统的数据分析技能要求外，还应新增对大数据处理工具如Hadoop、Spark的熟练掌握程度，对人工智能算法在数据分析中的应用能力，以及对数据隐私保护和合规性相关法律法规的了解程度等要求。同样，若企业所在行业因环保政策趋严而面临绿色转型压力，对于涉及生产运营、供应链管理等岗位，就应在招聘标准中及时强化对环保法规知识、绿色生产技术应用能力、节能减排措施实施经验等方面的考查，以确保企业能够在新的政策环境下合规运营并实现可持续发展。

企业内部环境的变化同样会对招聘标准产生深远影响，如企业战略的重大调整、业务版图的拓展或收缩、组织架构的优化变革以及企业文化的演变升华等。当企业战略从传统的本土市场深耕转向积极拓展国际市场，谋求全球布局时，招聘标准中应大幅提升对文化适应性、跨文化沟通与管理能力以及国际市场运营经验的重视程度。例如，招聘国际市场销售岗位时，除了关注销售业绩和销售技巧外，更要考查应聘者在不同文化背景下建立客户关系、开展市场推广活动以及应对国际商务风险的能力。而当企业进行内部业务重组，新设立了一个专注于数字化创新的部门时，对于该部门岗位的招聘标准则应重点突出数字化技术知识储备、创新思维与实践能力、敏捷项目管理能力以及对新兴数字技术趋势的敏锐洞察力等。为确保招聘标准能够及时适应

① 王雁伟．人力资源管理在企业可持续发展中的作用[J]．全国流通经济，2022(18):104-106.

企业内外部环境的动态变化，企业应建立一套科学完善的定期回顾与评估机制。例如，每年或每半年组织一次全面深入的招聘标准审查会议，由企业高层领导、人力资源部门、用人部门等多方面人员共同参与，依据内外部环境变化的最新信息，对招聘标准的内容完整性、维度合理性以及权重科学性进行全面细致的评估与调整。同时，在招聘过程中和员工入职后的一定时期内，广泛收集多方面的反馈信息，如应聘者对招聘标准的直观感受与评价、新员工在实际工作中的表现与招聘标准的匹配程度、用人部门对新员工素质能力的综合反馈等。通过对这些丰富反馈信息的深入分析与挖掘，进一步优化招聘标准，使其不断趋近于完美，更加科学合理、精准有效地满足企业在不同发展阶段的实际人才需求，为企业的持续稳定发展提供坚实有力的人才保障。

三、多元化招聘标准在不同行业与岗位的应用案例

(一) 科技行业研发岗位

在科技行业的研发岗位，招聘标准体现出对专业技术深度和创新能力的高度重视。以某知名互联网科技公司的软件研发工程师岗位为例，其招聘标准首先要求应聘者具备计算机科学相关专业的学士及以上学位，熟练掌握多种编程语言，并且对数据结构、算法设计有深入的理解和应用能力。在专业技能方面，应聘者需要有丰富的软件开发项目经验，能够独立完成软件模块的设计、编码和测试工作，熟悉常用的开发框架和工具。

对于创新能力的考查，公司会关注应聘者在以往工作或学习中是否有创新性的项目成果或技术突破。例如，是否提出过新的算法优化方案、开发过具有独特功能的软件应用等。在面试过程中，通过案例分析和技术问题讨论，评估应聘者的创新思维和解决复杂技术问题的能力。此外，由于科技行业的快速发展和全球化趋势，该岗位还要求应聘者具有良好的学习能力和跨文化交流能力，能够快速学习和掌握新的技术知识，跟上行业技术更新的步伐；在参与国际项目合作或与国外团队交流时，能够有效地进行技术沟通和协作。例如，公司在开发一款面向全球市场的社交软件时，研发团队成员需要与来自不同国家和地区的团队合作，共同解决技术难题、优化产品功能，这就要求研发人员具备跨文化能力，理解不同地区用户的需求和使用习惯，

将其融入产品研发中。

（二）金融行业风险管理岗位

金融行业的风险管理岗位招聘标准侧重于金融专业知识、风险评估与控制能力以及严谨的职业素养。某大型银行的风险管理岗位要求应聘者具有金融、经济、数学等相关专业的硕士及以上学位，系统学习过金融市场学、投资学、风险管理理论等专业课程。在知识技能方面，应聘者需要熟练掌握风险评估模型，如 VaR 模型、信用评分模型等，能够运用统计分析软件和金融数据分析工具对市场风险、信用风险、操作风险等进行量化分析和评估。

该岗位对应聘者的风险控制能力要求极高。应聘者需要有丰富的风险管理实践经验，能够制定和实施有效的风险管理制度和策略，在面对复杂多变的金融市场环境时，准确识别风险因素，及时采取风险应对措施，确保银行资产的安全和稳健运营。例如，在金融市场出现大幅波动或信用危机时，风险管理岗位人员需要迅速分析风险影响范围和程度，提出合理的风险对冲或资产处置方案。在职业素养方面，要求应聘者具有严谨、细致、负责的工作态度，对金融法规和监管政策有透彻领悟并严格遵守。由于金融行业的国际化程度较高，风险管理岗位人员还需要具备一定的跨文化沟通能力，能够与国际金融机构和监管部门进行交流与合作，了解国际金融市场的风险动态和监管要求，为银行的国际化业务发展提供风险保障。

（三）服务行业客服岗位

服务行业的客服岗位招聘标准重点关注沟通能力、服务意识和情绪管理能力。以某大型电商企业的客服岗位为例，招聘标准首先要求应聘者具有良好的语言表达能力和倾听能力，能够用清晰、礼貌、热情的语言与客户进行沟通，准确理解客户需求并提供有效的解决方案。在面试过程中，通过模拟客服场景，考查应聘者的沟通技巧和应变能力，如如何应对客户的投诉和不满、如何处理复杂的客户问题等。

服务意识是客服岗位的核心特质之一。应聘者需要真正树立以客户为中心的服务理念，积极主动地为客户服务，关注客户体验，努力提高客户满意度。例如，在处理客户退换货问题时，能够站在客户的角度思考问题，提供便捷、快速的解决方案，让客户感受到企业对他们的尊重和关怀。情绪管理能力对于客服岗位也至关重要。由于客服人员每天要面对大量不同类型的客户，可能会遇到各种负面情绪和压力，因此需要具备良好的情绪管理能力，在与客户沟通时始终保持冷静、耐心和友好的态度。即使面对客户的指责和刁难，也能控制自己的情绪，以专业的态度化解矛盾。此外，随着电商企业的国际化发展，客服岗位还需要具备一定的跨文化服务能力，了解不同国家和地区客户的文化习惯和消费心理，提供个性化的服务。例如，在处理国外客户的订单咨询时，能够尊重他们的文化差异，用合适的语言和方式进行沟通，提高客户服务质量和企业国际形象。

第二节　多元人才招聘渠道的拓展与整合

一、线上招聘平台的多样化利用

（一）综合招聘网站的深度挖掘

综合招聘网站如智联招聘、前程无忧等，汇聚了海量的求职者信息，涵盖了各个行业、各个层次的人才。对于企业而言，首先要充分优化招聘信息的发布。招聘信息应详细准确地阐述岗位要求、职责、福利待遇以及企业的文化特色等内容，以吸引目标人才的关注。例如，在描述一个市场营销岗位时，除了提及专业技能要求如市场调研、品牌推广经验等，还可强调企业注重创新营销思维，鼓励员工尝试新的营销渠道和策略，这样能吸引那些富有创造力、渴望在营销领域有所突破的人才。

同时，企业不能仅仅被动地等待求职者投递简历，而应主动利用综合招聘网站的搜索功能。根据岗位关键需求设定搜索条件，如学历、工作经验年限、专业技能关键词等，筛选出潜在的合适人才，并主动与其联系。例如，一家科技企业需要招聘一名资深的软件测试工程师，可在综合招聘网站上搜索具有多年软件测试经验、熟练掌握自动化测试工具且有大型项目经验的求职者，然后向他们发送个性化的招聘邀请邮件，介绍企业的优势和岗位的吸引力，提高招聘的主动性和精准度。

此外，企业可以与综合招聘网站合作开展定制化的招聘服务。例如，购买网站的首页广告位或特定行业板块的推荐位，提高企业招聘信息的曝光度；或者参与网站组织的线上招聘会，在特定时间段内集中展示企业形象和岗位信息，与大量求职者进行实时互动交流，快速筛选出符合要求的人才。企业还可利用综合招聘网站的人才数据库资源，进行人才储备与人才画像分析，以便更好地规划未来的招聘策略与人才发展路径。例如，通过分析数据库中某类专业人才的地域分布、职业发展轨迹、薪资期望等信息，企业能够有针对性地制订区域招聘计划、设计合理的薪酬福利体系以及规划员工的职业晋升通道，从而提高企业在人才市场的竞争力与吸引力①。

（二）专业技术论坛与社区的精准猎才

针对特定行业或专业领域的技术论坛和社区是挖掘高端专业人才的宝藏之地。以 IT 行业为例，像 Stack Overflow 这类平台，聚集了全球众多顶尖的软件开发者、工程师等专业技术人才。企业的招聘人员可以定期在这些论坛上浏览热门话题和技术讨论，了解行业最新动态和技术趋势的同时，发现那些在技术讨论中表现活跃、见解深刻的潜在人才。

例如，某人工智能企业在某代码托管与协作平台上搜索与深度学习算法相关的开源项目，发现一些开发者提交的代码质量高、创新性强且项目关注度高。招聘人员通过该平台提供的沟通渠道与这些开发者取得联系，介绍企业在人工智能领域的前沿研究项目和优厚的研发环境，邀请他们加入企业的研发团队。对于一些专业性极强的岗位，这种从专业技术论坛和社区精准猎才的方式，往往能够找到在特定技术领域具有深厚造诣且对行业发展趋势有着敏锐洞察力的人才，为企业的技术创新和产品升级提供有力支持。

企业还可以在专业技术论坛和社区上发布有针对性的技术挑战或问题，吸引专业人才参与解答，并从中筛选出优秀的人才。比如，一家网络安全公司在知名网络安全论坛上发布一个关于新型网络攻击防御策略的技术难题，设置丰厚的奖励作为激励。众多网络安全专家和爱好者参与讨论和解答，公司通过评估参与者的解决方案，不仅找到了具备解决实际问题能力的人才，

① 李云飞．构建和谐劳动关系与企业人力资源管理创新分析 [J]. 冶金管理，2021(17):195-196.

还收集到了多种创新的思路和方法，可用于公司的技术研发和业务拓展。同时，企业可以积极参与这些论坛和社区组织的线上线下活动，如技术研讨会、开源项目聚会等，与专业人才建立更深入的联系和良好的互动关系，提升企业在专业领域内的知名度和美誉度，进一步吸引人才的关注与加入。

此外，企业可与专业技术论坛和社区建立长期合作机制，例如成为论坛的赞助商或合作伙伴，获得更多的推广资源和人才推荐机会。论坛可以根据企业的需求，为其精准推送符合要求的人才简历或推荐合适的候选人参加企业的招聘活动。企业也可以在论坛上开设专属的招聘板块或专栏，定期发布企业的技术岗位信息、文化宣传资料以及员工技术成长故事等内容，打造企业在专业技术领域的人才招聘品牌形象，增强对专业人才的吸引力和凝聚力。

（三）社交媒体平台的创新招聘应用

社交媒体平台如领英、微博、抖音等在现代招聘中发挥着越来越重要的作用。领英作为全球知名的职业社交平台，企业可以在上面创建详细的宣传主页，展示企业的发展历程、组织文化、业务范围、团队风采等信息，塑造专业的企业形象，吸引潜在人才的关注和认同。同时，企业招聘人员可以利用领英的搜索功能，根据职位关键词、行业、工作经验、地理位置等多维度条件筛选目标人才，并通过站内信等方式与他们建立联系，发送个性化的招聘信息和邀请。

例如，一家跨国咨询公司在领英上搜索具有特定行业咨询经验、在知名企业工作过且在特定地区的专业人才，向他们介绍企业的国际项目经验、多元化的团队文化以及广阔的职业发展空间，邀请他们加入企业的咨询团队，参与全球性的商业咨询项目。微博和抖音等社交媒体平台则具有强大的传播力和互动性，企业可以通过发布创意短视频、图文并茂的招聘海报等形式宣传企业的招聘信息和企业文化特色。

企业还可以在社交媒体平台上开展互动式的招聘活动，如线上问答、直播招聘等。在直播招聘中，企业招聘负责人可以现场介绍组织的情况、岗位要求、福利待遇等内容，并回答观众的提问，与求职者进行实时互动交流。这种方式不仅能够让求职者更直观地了解企业织和岗位信息，还能增强企业与求职者之间的情感连接，提高招聘的效果和质量。此外，企业可以利用社交媒体平台的话题功能，发起与行业相关的热门话题讨论，吸引专业人才参与，从中发现潜在的招聘对象。例如，一家科技企业发起“未来科技趋势与创新应用”的话题讨论，邀请行业内专家、从业者和爱好者参与，通过对话题参与者的言论和背景分析，筛选出对科技趋势有敏锐洞察力且具备相关专业知识的人才，为企业的创新发展储备力量。

二、线下招聘渠道的拓展与补充

(一) 校园招聘的深度拓展

校园招聘是企业获取新鲜血液和储备人才的重要渠道。企业不应仅仅局限于参加知名高校的大型双选会，而应深入拓展校园招聘的形式和范围。除了传统的现场宣讲会，企业可以与高校的专业院系建立长期合作关系，开展定制化的校园招聘活动。例如，与计算机学院合作举办软件设计大赛、与商学院合作开展商业案例分析竞赛等，在比赛过程中发现和选拔具有潜力的学生人才，并为他们提供实习和就业机会。

企业还可以在高校设立奖学金、助学金或实习基地，提高企业在校园内的知名度和美誉度，增强对学生的吸引力。例如，一家制药企业在医科大学设立专项奖学金，奖励在药学研究领域表现优秀的学生，并为获奖学生提供暑期实习机会，让他们深入了解企业的研发流程和生产工艺。在实习期间，企业可以安排导师对学生进行一对一的指导，培养学生的专业技能和职业素养，同时也对学生进行全面考查，为后续的正式招聘做好准备。此外，企业可以邀请高校学生到企业进行参观访问，组织内部高管和校友回校举办职业发展讲座和经验分享会，让学生更深入地了解企业的文化、业务和职业发展路径，激发学生对企业的兴趣和向往之情。

(二) 行业展会与专业会议的人才挖掘

行业展会和专业会议是汇聚行业精英和专业人才的重要场所。参加这些活动时，企业不应仅仅将重点放在产品展示和业务拓展上，还应充分利用机会进行人才招聘。在展会和会议现场，企业可以设置专门的招聘展位，展示企业的招聘信息和人才需求，安排专业的招聘人员与参会者进行面对面的交流和沟通。例如，在一场国际汽车展会上，汽车制造企业除了展示最新款汽车产品和技术外，还在招聘展位上发布汽车工程师、设计师、市场营销专员等岗位信息，与前来咨询的汽车行业专业人士进行深入交流，了解他们的专业背景、工作经验和职业规划，筛选出符合企业需求的人才。

企业还可以在行业展会和专业会议期间举办专场招聘会或人才交流会，邀请参会的专业人才参加。例如，在一场金融科技峰会上，金融科技企业举办小型高端人才招聘会，邀请在金融科技领域有丰富经验的专家、学者和从业者参加，通过现场面试、技术交流等环节，快速确定合适的人才招聘意向。此外，企业可以利用行业展会和专业会议的平台，与行业内的其他企业、高校、科研机构等建立人才合作关系，共享人才资源信息，开展人才联合培养和交流项目。例如，一家电子科技企业与高校和科研机构在行业展会上达成合作意向，共同建立人才培养基地，为企业的技术研发和创新发展提供源源不断的人才支持。

（三）人才推荐与猎头合作的有效运用

人才推荐是一种高效且可靠的招聘方式。企业可以建立内部员工推荐奖励制度，鼓励员工推荐身边的优秀人才。内部员工对企业的文化、业务和岗位需求有较深入的了解，他们推荐的人才往往与企业的匹配度较高。例如，一家互联网企业规定，员工成功推荐一名符合岗位要求的人才入职后，推荐员工将获得一定金额的奖金或其他形式的奖励，如晋升机会、培训课程等。同时，企业要建立完善的推荐流程和评估机制，确保推荐人才的质量和公平性。

猎头合作则适用于企业招聘高端、稀缺人才的情况。专业猎头机构拥有丰富的人才资源和专业的招聘经验，能够深入了解企业的需求，在广泛的人才市场中精准定位和挖掘符合要求的人才。企业在与猎头机构合作时，要明确招聘目标和要求，与猎头顾问保持密切沟通和协作，共同制订招聘策略和方案。例如，一家大型企业需要招聘一名首席技术官（CTO），与知名猎头机构合作，向猎头顾问详细介绍企业的战略规划、技术发展方向、团队现状以及对 CTO 的专业技能、管理经验和领导能力等要求。猎头机构通过其庞大的人才网络和专业的寻访手段，筛选出合适的候选人，并协助企业进行面试、背景调查等环节，最终成功招聘到合适的 CTO，为企业的技术创新和业务发展提供了强有力的领导支持。

三、招聘渠道的整合与优化策略

（一）建立招聘渠道矩阵

为了实现多元化人才招聘的目标，企业需要建立招聘渠道矩阵，将线上和线下各种招聘渠道有机结合起来。在这个矩阵中，不同的招聘渠道承担着不同的功能和角色，相互补充和协同。例如，综合招聘网站和社交媒体平台主要用于广泛地收集大量的简历和潜在人才信息，扩大企业招聘的覆盖面；专业技术论坛和社区则专注于挖掘特定领域的高端专业人才；校园招聘侧重于储备具有潜力的应届毕业生；行业展会和专业会议用于吸引行业内有经验的专业人才；人才推荐和猎头合作则针对企业急需的高端、稀缺人才提供精准的解决方案。

企业要根据不同岗位的特点和需求，合理配置招聘渠道资源。对于一些通用性较强、招聘需求量大的岗位，如行政文员、客服人员等，可以主要依托综合招聘网站和社交媒体平台进行招聘；对于技术研发岗位，则要充分利用专业技术论坛、高校校园招聘以及猎头合作等渠道；对于高端管理岗位，猎头合作、行业展会和专业会议以及内部推荐等渠道可能更为有效。通过建立招聘渠道矩阵，企业能够全面、系统地开展招聘工作，提高招聘效率和质量，满足企业多元化的人才需求。

（二）数据驱动的招聘渠道评估与优化

企业要实现招聘渠道的有效整合与优化，需要建立数据驱动的招聘渠道评估机制。通过收集和分析招聘过程中的各种数据，如不同渠道的简历投递量、简历合格率、面试转化率、招聘周期、招聘成本等指标，评估每个招聘渠道的效果和效率。例如，如果一个招聘渠道的简历投递量很大，但简历合格率很低，说明该渠道可能吸引了大量不符合要求的求职者，需要进一步优化招聘信息的发布或筛选条件；如果一个渠道的面试转化率较高，但招聘周期过长，企业需要分析原因，可能是面试流程复杂或与候选人沟通不畅，需要进行相应的调整和改进。

根据数据评估结果，企业可以对招聘渠道进行动态优化。对于效果好、效率高的招聘渠道，加大投入和资源配置；对于效果不佳的渠道，进行调整或淘汰。例如，如果发现某专业技术论坛在招聘特定技术岗位时能够持续提供高质量的候选人，企业可以增加在该论坛的推广力度，如发布更多的技术文章、参与更多的论坛活动等；如果某个综合招聘网站的招聘效果持续下滑，企业可以考虑减少在该网站的广告投放或调整招聘策略，如优化搜索关键词、改进招聘信息展示方式等。同时，企业要持续关注市场环境和人才市场的变化，及时发现新的潜在招聘渠道，并将其纳入招聘渠道矩阵进行评估和优化，确保企业的招聘渠道始终保持活力和有效性。

(三) 打造雇主品牌与招聘渠道协同效应

雇主品牌是企业在人才市场上的形象和声誉，对招聘渠道的效果有着重要影响。组织要打造具有吸引力的雇主品牌，并实现与招聘渠道的协同发展。首先，企业要明确自身的雇主价值主张，即企业能够为员工提供什么样的独特价值，如良好的职业发展机会、优厚的福利待遇、和谐的工作氛围、具有挑战性的工作任务等。然后，通过各种渠道和方式将雇主价值主张传播出去，与招聘信息相结合，在不同的招聘渠道上展示企业的特色和优势。

例如，在企业的官方网站、社交媒体平台、校园招聘宣传资料等上面，突出展示企业的员工成长故事、文化活动、社会责任实践等内容，让求职者直观地感受到组织的企业和吸引力。在行业展会和专业会议上，通过企业的展位设计、宣传资料发放、现场工作人员的形象和态度等方面，传递企业的雇主品牌形象。通过打造雇主品牌，企业能够在各个招聘渠道上提高人才的关注度和吸引力，使招聘渠道更好地发挥作用。同时，招聘渠道也成为传播雇主品牌的重要途径，两者相互促进、协同发展，形成良性循环，进一步提升企业在人才市场的竞争力，吸引更多优秀人才的加入。

第三节　公正公平且精准高效的选拔机制

通过明确量化选拔标准、优化规范选拔流程以及保障选拔过程的公平性，企业能够构建起公正公平且精准高效的选拔机制，从而在多元化的人才市场中筛选出符合企业战略发展需求、适应企业多元文化环境的优秀人才，为企业的持续发展与竞争力提升奠定坚实的基础。在全球化进程加速、市场竞争日益激烈的今天，这样的选拔机制对于企业的生存与发展具有不可忽视的重要意义，是企业实现人力资源战略目标、打造高素质人才队伍的核心保障。

一、选拔标准的明确与量化

（一）建立多维度评价指标体系

在构建公正公平且精准高效的选拔机制时，首要任务是建立多维度评价指标体系。这一体系应涵盖专业知识与技能、工作经验、个人能力素质以及文化适配性等多个方面。

从专业知识与技能维度来看，不同岗位对其要求差异显著。以技术研发岗位为例，需考查应聘者是否掌握相关编程语言、开发工具以及特定领域的技术原理。如软件工程师岗位，要求熟练运用 Java、Python 等语言，熟悉数据库管理系统如 MySQL、Oracle 等，对算法设计与数据结构有深入理解。对于财务岗位，则需考查财务报表分析、会计核算、税务筹划等专业知识，以及熟练使用财务软件如金蝶、用友的能力。

工作经验方面，要关注应聘者在相关领域的从业时长、参与过的项目类型与规模。例如，招聘项目经理时，优先考虑具有多年项目管理经验，成功主导过大型复杂项目（从启动到交付全过程）的人员。他们应熟悉项目管理的各个阶段，包括项目规划、资源分配、进度控制、风险管理等环节，且能在多部门协作环境下有效协调资源与人员。

个人能力素质涵盖沟通能力、团队协作能力、领导能力、学习能力与创新能力等。在当今复杂多变的商业环境中，良好的沟通能力确保信息在团队内外部顺畅传递。团队协作能力要求应聘者能够与不同性格、专业背景的人员协同工作，共同达成目标。领导能力在各个层面都有着重要意义，无论是在项目团队推进中，还是跨部门合作进程里，具备领导意识与能力的人员都能够主动承担起引领方向、激励他人的重任。学习能力是适应快速发展行业的关键，如科技领域，技术更新换代迅速，员工需不断学习新知识、新技能才能跟上步伐。创新能力则有助于企业在激烈的市场竞争中脱颖而出，如产品研发岗位，应聘者能否提出新颖的产品概念、优化产品功能的创意至关重要。

文化适配性在多元文化背景下愈发重要。企业需考量应聘者的价值观、工作风格与企业文化是否相符，以及其在跨文化环境中的适应与沟通能力。例如，在强调团队合作、和谐稳定的企业文化中，那些缺乏团队合作意识、过于特立独行的应聘者可能难以融入；而对于跨国企业或多元文化团队，应聘者需具备理解、尊重并适应不同文化背景同事的能力，避免因文化冲突影响工作效率与团队氛围①。

（二）量化评价指标与权重分配

为确保选拔过程的精准性与客观性，需对评价指标进行量化处理并合理分配权重。量化专业知识与技能可通过考试、技能测试等方式。例如，对于软件工程师岗位的编程能力测试，可以设定具体的编程任务，根据代码的准确性、效率、规范性以及完成时间等指标进行评分。财务岗位则可通过财务案例分析考试，考查应聘者对财务知识的应用能力，根据答题的准确性、完整性以及分析的深度给予相应分数。

工作经验的量化可依据从业年限、项目数量与规模等因素。如设定每参与一个大型项目得 5 分，中型项目得 3 分，小型项目得 1 分；每多一年相关工作经验加 2 分等。通过这种方式将工作经验转化为可量化的数值，便于比较不同应聘者在该维度的表现。

个人能力素质的量化相对复杂，可采用行为面试法、心理测试、情景模

① 牛司海．人力资源管理创新与和谐劳动关系构建 [J]．中外企业文化，2020(9):189-190.

拟等多种方式相结合。例如，在沟通能力的考查中，行为面试时可询问应聘者在以往工作中如何处理与上级、同事或客户的沟通冲突，根据其回答的有效性、灵活性以及沟通效果进行评分。团队协作能力可通过情景模拟，如组织小组讨论或团队项目任务，观察应聘者在团队中的角色定位、合作态度、对团队目标的贡献等方面，给予相应的量化评分。心理测试则可辅助了解应聘者的性格特点、领导风格倾向、学习能力特质等，为能力素质评估提供参考依据。

在权重分配方面，应根据岗位的核心需求确定。就拿技术研发岗位来说，专业知识与技能可能占据50%的权重，因为其直接关系到能否胜任岗位的技术工作任务；工作经验占20%，丰富的经验有助于快速解决技术难题、提高研发效率；个人能力素质占20%，其中创新能力在权重分配中相对较高，因为创新对于技术研发的突破与产品竞争力提升具有关键作用；文化适配性占10%，在多元文化团队协作或企业国际化发展时，文化适配性的重要性会相应提高。而对于销售岗位，沟通能力、团队协作能力与客户关系管理经验等个人能力素质方面的权重可能会相对较高，可达40%；专业知识与技能如产品知识、销售技巧等占30%；工作经验占20%；文化适配性占10%。科学合理的权重分配，使选拔过程更精准地聚焦岗位所需人才特质，避免片面评价导致的选拔失误。

二、选拔流程的优化与规范

(一) 标准化面试流程设计

面试是选拔人才的关键环节，设计标准化面试流程有助于提高选拔的公正性与准确性。首先，在面试前应确定明确的面试目标与岗位需求，面试官团队应包括相关部门的专业人员、人力资源专家以及可能的未来同事或上级领导。例如，招聘市场营销经理时，面试团队除人力资源专员外，还应有市场部门的主管、资深营销人员以及其他部门与之协作密切的代表，从不同角度对应聘者进行全面评估。

面试过程应分为多个阶段，包括开场介绍、核心问题提问、案例分析与讨论、应聘者提问等环节。开场介绍时，面试官应向应聘者简要介绍公司概况、面试流程与岗位基本信息，缓解应聘者紧张情绪，营造良好的面试氛围。核心问题提问阶段，面试官依据岗位的多维度评价指标体系设计问题，问题应具有针对性、开放性与深度。如针对营销经理岗位，可提问“请描述您曾经成功策划并执行的一次大型营销活动，包括活动目标、策略、执行过程中的挑战及如何克服以及最终取得的效果”，通过应聘者的回答考查其营销策划与执行能力、问题解决能力以及团队协作等方面的素质。

案例分析与讨论环节，可提供与岗位工作相关的实际案例，让应聘者分析问题、提出解决方案并进行讨论。例如，给应聘财务经理的人员提供一份财务报表数据异常的案例，要求其分析可能的原因并提出应对策略，观察其财务分析能力、逻辑思维能力以及在压力下的决策能力。应聘者提问环节，给予应聘者了解公司文化、职业发展路径、团队氛围等方面信息的机会，同时也可从其问题中进一步洞察其关注点与求职动机。

在面试评价方面，面试官应依据预先设定的量化评价指标与权重进行独立评分，并在面试结束后进行综合讨论与评价汇总。为避免主观偏见，可采用多人评价取平均值或去掉最高分和最低分后取平均值的方式确定最终面试得分。同时，面试过程应做好详细记录，包括应聘者的回答内容、肢体语言、表情等信息，以便后续回顾与分析，为选拔决策提供全面依据。

（二）多元化测评工具运用

除标准化面试外，运用多元化测评工具能更全面深入地了解应聘者。心理测评是常用的工具之一，如性格测试可帮助企业了解应聘者的性格类型，判断其是否适合岗位及团队协作环境。例如，外向型性格可能在销售、公关等岗位更具优势，而内向型性格在技术研发、数据分析等岗位可能表现更好；责任心强、情绪稳定性高的应聘者通常在工作中更可靠、更能应对压力。能力倾向测试则可评估应聘者在逻辑思维、语言理解、数字运算、空间想象等方面的能力水平，为岗位匹配提供参考。如对于数据分析师岗位，较强的逻辑思维与数字运算能力是必备素质，能力倾向测试可有效筛选出在这些方面能力突出的应聘者。

情景模拟测评也是一种有效的方式，包括无领导小组讨论、角色扮演等形式。无领导小组讨论可将多名应聘者组成小组，给定一个特定的问题或任务，在没有指定领导的情况下，观察应聘者在团队中的表现，如领导能力、沟通能力、团队协作能力、问题解决能力等。例如，在招聘管理培训生时，组织无领导小组讨论关于企业面临的市场竞争挑战及应对策略的话题，从中发现具有领导潜质、能够协调团队达成共识并提出创新解决方案的人才。角色扮演则可模拟工作中的实际场景，如客户服务岗位可模拟客户投诉处理场景，让应聘者扮演客服人员，考查其沟通技巧、应变能力、情绪管理能力以及对客户需求的理解与满足能力。

此外，背景调查也是选拔流程中不可忽视的环节。通过对应聘者的学历、工作经历、职业资格证书等进行核实，确保其提供信息的真实性与准确性。同时，还可向其前雇主、同事、下属等了解应聘者的工作表现、职业道德、人际关系等方面的情况，获取更全面客观的评价信息，为选拔决策提供有力支持，避免因虚假信息或隐瞒重要信息而导致的招聘失误，保障企业招聘到真正符合岗位要求且诚信可靠的人才。

三、选拔过程中的公平性保障

（一）避免主观偏见与歧视

在选拔过程中，面试官的主观偏见与歧视可能导致不公平的选拔结果，因此必须采取有效措施加以避免。首先，面试官应接受专业的培训，提高其对各类主观偏见与歧视的认知水平，如性别歧视、年龄歧视、种族歧视、学历歧视等。培训内容可包括案例分析，展示因主观偏见导致错误选拔决策的实际案例，分析其产生的原因及不良后果，使面试官深刻认识到公平选拔的重要性。

在面试过程中，面试官应严格依据预先设定的评价指标与标准进行评价，避免因个人喜好、刻板印象或先入为主的观念影响对应聘者的判断。例如，不能因为应聘者来自某个特定地区或毕业于某所非知名院校就轻视其能力；不能因性别差异而对应聘者的职业发展潜力产生不合理的预设。为确保这一点，可采用结构化面试方式，即所有应聘者都回答相同的标准化问题，且评价标准统一，减少因面试问题的随意性和评价标准的主观性带来的偏差。

同时，可建立面试监督机制，安排专人对面试过程进行监督，确保面试流程的规范执行。监督人员可检查面试官是否遵循评价标准、是否存在不当提问或引导性提问等行为，如发现问题及时纠正。此外，还可采用匿名面试的方式，在一定程度上隐藏应聘者的个人身份信息，如姓名、性别、年龄、毕业院校等，使面试官仅根据应聘者的能力素质表现进行评价，进一步降低主观偏见与歧视的影响，保障选拔过程的公平性与客观性。

（二）信息透明与反馈机制

为增强选拔过程的公信力，企业应建立信息透明与反馈机制。在招聘信息发布阶段，应详细、准确地说明岗位要求、选拔流程、评价标准等信息，使应聘者在申请职位前对整个选拔过程有清晰的了解。例如，在招聘广告中明确列出岗位所需的专业知识、技能、工作经验、能力素质要求以及面试、笔试、测评等选拔环节的大致安排，让应聘者能够根据自身情况判断是否符合岗位要求，避免盲目投递简历，提高招聘效率与应聘者体验。

在选拔过程中，对于应聘者的进展情况应及时告知。如在简历筛选后，通知通过筛选的应聘者进入下一环节，并告知未通过筛选者其简历未被选中的结果；在笔试、面试、测评等环节结束后，在合理的时间内反馈应聘者的成绩或评价结果。对于未被录用的应聘者，应给予详细的反馈信息，说明其在选拔过程中的优势与不足，以及未被录用的原因，帮助应聘者了解自己的职业发展差距，提升自身素质。这种信息透明与反馈机制不仅体现了企业对应聘者的尊重，也有助于树立企业良好的雇主形象，吸引更多优秀人才关注与申请企业职位，同时也能让应聘者感受到选拔过程的公平公正，减少因信息不透明导致的误解与不满情绪。

第五章　多元化员工培训与发展体系

第一节　个性化培训规划的设计与实施

一、员工培训需求的精准评估

（一）基于岗位与职业发展阶段的分析

在设计个性化培训规划时，精准评估员工培训需求是首要环节。基于岗位的分析能够明确不同岗位的核心职责、所需技能与知识体系。例如，对于一名软件工程师岗位，其主要职责包括软件系统的设计、开发、测试与维护。相应地，所需技能涵盖编程语言的熟练运用，熟悉软件开发框架，掌握数据库管理技术操作，以及具备良好的算法设计与数据结构知识。而对于市场营销岗位，员工需要精通市场调研方法，能够制定有效的营销策略，熟练运用各种营销工具与渠道，如社交媒体营销、广告投放等，同时具备出色的沟通与谈判能力，以促进产品或服务的销售与品牌推广。

结合员工的职业发展阶段进行需求分析同样至关重要。对于处于职业生涯初期的新员工，他们更需要基础岗位技能培训，以快速适应工作环境与岗位要求。例如，新入职的会计人员，首先要学习财务软件的基本操作、财务报表的编制规范以及企业内部财务流程等基础知识。随着职业发展进入成长阶段，员工开始追求专业技能的深化与拓展，以及初步的团队协作与管理能力培养。如具有一定工作经验的软件工程师，可能希望学习更高级的算法优化技术、软件架构设计知识，同时参与小型项目团队的管理，提升项目协调与领导能力。到了职业成熟阶段，员工则更侧重于战略规划、领导力提升与行业前沿知识更新等方面的培训。例如，资深的市场营销经理需要关注全球市场趋势、新兴消费群体行为分析以及数字化营销战略转型等高端知识与技能，以引领团队在激烈的市场竞争中保持领先地位。

通过对岗位与职业发展阶段的双重分析，可以构建起一个全面的员工培训需求矩阵。在这个矩阵中，行代表不同的岗位类别，列则体现各个职业发展阶段，每个交叉单元格对应着特定岗位在某一发展阶段的培训需求重点。这有助于企业全面、系统地把握员工在不同岗位、不同职业成长时期的培训需求，为制订个性化培训规划提供精准依据[①]。

(二) 多元评估方法的综合运用

为确保培训需求评估的准确性与全面性，需要综合运用多元评估方法。首先是问卷调查法，设计一份详细的培训需求调查问卷，涵盖员工个人信息、岗位详情、现有技能水平、期望提升的技能与知识领域、对培训方式与时间的偏好等多个维度的问题。例如，在技能水平评估部分，可以设置选择题，让员工选择自己对各类专业软件的熟练程度；在期望提升领域，设置开放式问题，让员工自由阐述自己在职业发展中渴望学习的新知识或技能。通过大规模发放问卷并收集分析数据，可以初步了解员工群体的培训需求倾向与共性问题。

访谈法也是一种重要的评估手段。与员工进行一对一或小组访谈，深入探讨他们在工作中遇到的挑战、对自身职业发展的规划以及对培训的具体需求与期望。在访谈过程中，访谈者可以根据员工的回答进行追问，挖掘更深层次的需求信息。例如，当员工提及在项目沟通中存在困难时，访谈者可以进一步询问是沟通技巧不足、跨部门协作机制问题还是文化差异导致的沟通障碍，从而确定更精准的培训方向。对于关键岗位或核心员工，还可以进行深度访谈，了解他们对行业未来发展趋势的见解以及企业内部培训体系的改进建议，为企业制定前瞻性的培训战略提供参考。

观察法在评估员工培训需求方面同样具有不可忽视的作用。通过观察员工在实际工作中的表现，如工作效率、任务完成质量、团队协作情况等，可以发现员工在技能运用、工作方法与流程理解等方面可能存在的不足。例如，观察生产线上的工人操作流程，若发现部分工人在某个生产环节的操作速度明显低于标准时间，且产品质量不稳定，可能意味着他们需要进一步的操作技能培训或质量控制知识培训。同时，观察员工在团队会议、项目讨论

① 郑爱美 . 人力资源管理中员工培训与开发策略分析 [J]. 活力，2024，42(20):31–33.

中的参与度与表现，也能洞察他们在沟通、表达、领导或协作能力方面的需求，为制订针对性的软技能培训计划提供依据。

此外，还可以参考员工的绩效评估结果来分析培训需求。绩效评估中反映出的员工工作绩效短板往往对应着特定的培训需求。例如，如果一名销售人员的销售业绩不佳，可能是因为客户关系管理能力薄弱，那么就需要针对性地开展客户关系管理培训；如果一名项目管理人员经常出现项目进度延误的情况，可能需要加强项目计划制订、资源分配与进度监控方面的培训。将绩效评估结果与培训需求分析相结合，可以使培训规划更紧密地围绕提升员工工作绩效、解决实际工作问题展开，增强培训的实效性与针对性。

二、定制化培训内容的开发与设计

(一) 专业技能提升模块

根据精准评估得出的员工培训需求，定制化培训内容首先应聚焦专业技能提升模块。针对不同岗位的专业技能要求，开发具有针对性的培训课程。以金融行业为例，对于投资分析师岗位，培训内容应包括宏观经济分析、行业研究方法、公司财务报表深度解读、金融模型构建与应用如资本资产定价模型（CAPM）、套利定价理论（APT）等专业知识与技能。通过邀请行业资深专家开展专题授课、组织案例分析研讨会以及实际项目模拟操作等方式，投资分析师可以深入掌握金融市场分析与投资决策的核心技能。

在科技领域，如人工智能工程师岗位，培训课程将围绕机器学习算法原理、深度学习框架的应用、自然语言处理技术、计算机视觉技术等前沿技术展开。培训过程中，不仅要注重理论知识的传授，更要通过实际项目开发实践，让工程师们在实践中熟练运用这些技术解决实际问题。例如，组织开发一个基于人工智能的图像识别应用项目，从数据收集、预处理、模型构建、训练到优化部署，让员工全程参与，在实践中提升专业技能水平。

对于制造业中的机械工程师岗位，培训内容则侧重于机械设计原理与软件应用如CAD、SolidWorks，机械制造工艺与自动化生产线设计，机械故障诊断与维修技术等方面。可以安排员工到先进的制造企业进行实地参观学习，了解最新的制造工艺与设备应用；开展机械设计竞赛，激发员工的创新设计思维与实践能力；邀请设备供应商的技术专家进行现场培训，提升员工对新型机械设备的操作与维护技能。

（二）跨文化与沟通能力模块

在全球化背景下，跨文化与沟通能力成为员工必备的素质之一，因此定制化培训内容应包含跨文化与沟通能力模块。该模块旨在提升员工在多元文化环境中的沟通协作能力，减少文化冲突，促进团队合作与业务拓展。培训内容首先包括不同国家与地区文化背景知识的学习，如西方文化中强调的个人主义、契约精神、时间观念；东方文化中的集体主义、关系导向、等级观念等文化特征的深入理解。通过文化讲座、纪录片观看、文化体验活动等方式，员工能够直观感受不同文化的差异与魅力。

跨文化沟通技巧培训是该模块的核心内容之一。培训员工如何在跨文化交流中克服语言障碍、理解非语言信号如肢体语言、面部表情在不同文化中的含义，以及掌握有效的沟通策略。例如，在与日本客户沟通时，了解到日本文化中注重礼貌、含蓄表达与团队和谐的特点，员工应学会使用礼貌用语、避免直接冲突性的表达，同时尊重对方的团队决策过程。可以通过角色扮演、模拟跨文化商务谈判等情景模拟训练方式，让员工在实践中提升跨文化沟通能力。

此外，团队协作与冲突解决能力培训也是跨文化与沟通能力模块的重要组成部分。在多元文化团队中，由于文化差异可能导致团队协作过程中的各种冲突与误解。培训内容将帮助员工学会识别文化冲突的根源，掌握有效的冲突解决策略如妥协、协调、整合等方法，以及如何在团队中建立包容、尊重的合作氛围。例如，开展多元文化团队建设活动，让员工在活动中体验不同文化背景成员的思维方式与行为习惯，通过团队合作完成任务，提升团队协作与冲突解决能力。

（三）领导力与管理能力模块

对于有管理职责或职业发展方向为管理岗位的员工，领导力与管理能力模块是定制化培训内容的关键部分。该模块旨在培养员工的领导意识、管理技能与战略规划能力，以适应企业不断发展与变革的需求。培训内容首先涵盖领导力理论与模型的学习，如变革型领导力、交易型领导力、魅力型领导力等不同领导力风格与理论的理解，让员工明确优秀领导者应具备的特质与行为模式。

管理技能培训包括团队管理、项目管理、人力资源管理、财务管理等多个方面。在团队管理方面，培训员工如何有效地招聘、选拔、激励与留住团队成员，如何制定合理的团队目标与工作计划，以及如何进行团队绩效评估与反馈。例如，通过案例分析与小组讨论，学习如何根据团队成员的不同特点与技能水平进行任务分配，以实现团队效能最大化。在项目管理培训中，教授项目管理知识体系如项目启动、规划、执行、监控与收尾的全过程管理方法，以及项目风险管理、时间管理、成本管理等关键技能。可以通过项目管理软件模拟操作、实际项目案例复盘等方式，让员工熟练掌握项目管理工具与方法。

领导力与管理能力模块还注重战略规划与决策能力培养。培训员工如何分析企业内外部环境，制订企业战略规划如市场定位战略、产品发展战略、竞争战略等，以及如何在复杂多变的市场环境中做出科学合理的决策。例如，开展战略模拟游戏或组织战略案例分析研讨会，让员工在模拟决策环境中锻炼战略思维与决策能力，提升对企业战略规划与决策过程的理解与掌握程度。

三、个性化培训方式的选择与搭配

（一）线上学习平台的灵活运用

随着互联网技术的飞速发展，线上学习平台成为个性化培训的重要方式之一。企业可以搭建或选用专业的线上学习管理系统（LMS），在平台上上传丰富多样的培训课程资源，包括视频讲座、电子文档、在线测试题等。员工可以根据自己的时间安排与学习进度，随时随地登录平台进行学习。例如，对于一些基础理论知识的学习，如法律法规、企业内的规章制度等，员工可以利用碎片化时间在线上平台进行自主学习，通过观看视频讲解、阅读文档资料并完成相应的在线测试，巩固所学知识。这种自主学习模式极大地提高了学习的灵活性，员工不再受限于传统培训的固定时间和地点，能够更好地平衡工作与学习的关系。

线上学习平台还具有互动性强的特点。可以设置课程讨论区、学习社区等功能，员工在学习过程中遇到问题可以在讨论区提问，与其他学员或培训讲师进行互动交流。例如，在学习一门关于市场营销策略的课程时，员工可以在讨论区分享自己在实际工作中的营销案例，与其他学员共同探讨营销策略的优劣与改进方向，同时也可以向培训讲师请教专业问题，获取及时的解答与指导。这种互动交流不仅有助于员工加深对知识的理解，还能拓宽视野，从不同角度思考问题。此外，线上学习平台还可以根据员工的学习行为数据，如学习时长、课程完成率、测试成绩等，为员工提供个性化的学习建议与学习路径规划，进一步提高学习效率与效果。通过对学习数据的深入分析，平台能够精准地了解员工的学习状况和需求，为其推荐更适合的课程内容、学习资料以及学习活动，实现真正意义上的个性化培训。例如，如果员工在某一专业知识模块的测试成绩较低，平台可以自动推送相关的复习资料和强化训练课程；如果员工在某个领域表现出较高的学习兴趣和潜力，平台则可以推荐更深入、更前沿的拓展课程，激发员工的学习热情和创造力。

线上学习平台的另一个优势在于其资源的丰富性和更新的及时性。企业可以整合全球范围内的优质培训资源，包括知名高校的公开课、行业专家的讲座视频、专业机构的培训课程等，为员工提供多元化的学习内容。而且，随着行业的发展和知识的更新，线上平台能够快速响应，及时更新课程资料，确保员工所学知识与行业前沿保持同步。比如在科技领域，新技术不断涌现，线上学习平台可以迅速上线关于人工智能、大数据、区块链等新兴技术的培训课程，让员工第一时间掌握最新的技术动态和应用方法，提升企业在技术创新方面的竞争力。同时，线上平台还可以利用多媒体技术，如动画、模拟演示等，将复杂的知识和概念以更直观、更生动的方式呈现给员工，增强学习的趣味性和吸引力，提高员工的学习积极性和参与度。

(二) 面对面授课与实践操作的结合

尽管线上学习平台具有诸多优势，但面对面授课与实践操作相结合的培训方式仍然不可或缺。面对面授课可以营造良好的学习氛围，促进学员之间、学员与讲师之间的情感交流与互动。在专业技能培训中，如高端技术研发、复杂管理技能培训等，邀请行业专家或企业内部资深讲师进行面对面授课，可以更深入地讲解专业知识与技能要点，同时通过现场提问、案例分析讨论等方式，及时解答学员的疑惑，加深学员对知识的理解与掌握。在面对面授课过程中，讲师能够根据学员的现场反应和表情，实时调整授课节奏和方式，确保每个学员都能跟上教学进度。例如，在讲解一个复杂的技术原理时，如果发现部分学员面露困惑，讲师可以放慢语速，增加实例演示，或者引导学员进行小组讨论，让学员在互动交流中逐渐理解难点。

实践操作是将理论知识转化为实际能力的关键环节。在培训过程中，应结合培训内容安排相应的实践操作项目或任务。例如，在培训软件开发人员时，在理论授课后，安排学员参与实际软件项目开发实践，让他们在实践中运用所学的编程语言、开发框架等知识，提高实际编程能力与项目开发经验。在项目实践过程中，学员们会遇到各种各样的实际问题，如代码调试错误、团队协作冲突、需求变更应对等，这些问题是单纯的理论学习无法完全涵盖的。通过解决这些实际问题，学员能够积累宝贵的实践经验，提升自己的问题解决能力和应变能力。对于生产制造岗位的员工，在培训机械操作与维修技能后，安排他们到生产线上进行实际操作练习，在实践中熟悉设备操作流程、掌握故障诊断与维修技巧。在实际操作环境中，员工能够亲身体验设备的运行状态，了解不同操作对产品质量和生产效率的影响，从而更加熟练地掌握操作技能，提高工作的准确性和效率。

面对面授课与实践操作的紧密结合，可以使培训内容更具针对性与实效性，帮助员工更好地将所学知识应用到实际工作中，提升工作绩效。例如，在企业管理培训中，先通过面对面授课向学员传授管理理论知识，如战略规划、组织架构设计、人力资源管理等，然后安排学员进行模拟企业管理实践，如分组制订企业战略规划、模拟组织架构调整、进行人员招聘和绩效考核等实践活动。在模拟实践过程中，学员们需要运用所学理论知识进行决策和操作，并对实践结果进行分析和总结。这种理论与实践相结合的培训方式，能够让学员深刻理解管理理论在实际工作中的应用场景和方法，提高学员的管理能力和决策水平，为企业培养出具有实际操作能力和创新思维的管理人才。

(三) 导师制与师徒传承模式的建立

导师制与师徒传承模式是一种个性化、一对一的培训方式，对于新员工的成长与员工职业发展具有重要意义。为新员工指定导师，导师通常由企业内部经验丰富、业务能力强的资深员工担任。导师将根据新员工的个人特点、岗位需求与职业发展规划，为其提供全方位的指导与帮助。在新员工入职初期，导师可以帮助新员工快速熟悉企业环境、了解企业文化与规章制度，缓解新员工的紧张与陌生感。例如，导师带领新员工参观企业各部门、介绍企业内部工作流程与沟通机制，帮助新员工尽快融入团队。导师还可以与新员工分享自己在企业中的成长经历和经验教训，让新员工对自己在企业中的未来发展有更清晰的认识和预期，增强新员工对企业的归属感和忠诚度。

随着新员工工作的开展，导师将在专业技能提升、职业发展规划等方面给予持续指导。在专业技能方面，导师可以根据自己的经验，为新员工传授工作中的技巧与方法，解答新员工在工作中遇到的技术难题。例如，在会计岗位，导师可以指导新员工处理复杂的账务问题、进行财务报表分析等。导师凭借自己丰富的实践经验，能够为新员工提供更具实用性和针对性的专业指导，帮助新员工快速提升专业技能水平。在职业发展规划方面，导师可以与新员工定期沟通，了解其职业发展目标，为其提供晋升建议与职业发展路径规划。例如，当新员工希望向管理岗位发展时，导师可以分享自己的管理经验，推荐相关的培训课程与学习资源，帮助新员工逐步提升管理能力，实现职业转型。导师还可以通过观察新员工的工作表现和潜力，为新员工提供个性化的职业发展建议，引导新员工充分发挥自己的优势，避免职业发展中的误区和陷阱。

师徒传承模式不仅有助于新员工的成长，也有利于机构内部知识与文化的传承。通过导师与徒弟之间的长期互动与交流，机构的核心知识、技术与文化得以在不同代际员工之间传承与发扬，保持机构的核心竞争力与文化底蕴。例如，在一些传统手工艺机构或家族机构中，师徒传承是机构技艺传承和文化延续的重要方式。老工匠将自己精湛的手艺和独特的工艺秘诀传授给徒弟，使机构的传统技艺得以代代相传，保持机构在行业中的独特地位。在现代机构中，导师也可以将机构的核心价值观、机构文化理念、工作规范和流程等传递给徒弟，使新员工能够更好地理解和认同机构的文化，融入机构的文化氛围中。同时，这种个性化的培训方式也能增强员工之间的情感纽带与归属感，提高员工队伍的稳定性与凝聚力。徒弟在导师的悉心指导下成长进步，会对导师产生尊敬和感激之情，这种情感也会延伸到对机构的情感认同上。而导师在培养徒弟的过程中，也能够感受到自身价值的实现和成就感，进一步增强对机构的忠诚度和归属感。

第二节　多元化培训内容与创新培训方式

一、跨文化培训：促进文化理解与融合

在全球化进程加速的今天，员工面临着与不同文化背景的同事、客户和合作伙伴进行交流协作的挑战。跨文化培训因此成为多元化培训体系中的重要组成部分。

（一）文化知识解析

跨文化培训内容丰富多样，涵盖对不同国家和地区文化价值观的深入剖析。例如，讲解西方文化中强调的个人主义、平等主义、冒险精神与东方文化中的集体主义、等级观念、稳健保守之间的差异。通过对比分析，员工可以理解为何西方员工在工作中更注重个人成就与自我表达，而东方员工可能更倾向于团队和谐与听从上级安排。在商务礼仪方面，详细介绍各国在商务交往中的独特礼仪规范。如在日本，商务会议开始时的鞠躬礼仪、交换名片的顺序与方式都极为讲究；而在欧美国家，握手的力度、眼神交流的时长等都被赋予特定含义。员工了解这些礼仪差异后，能有效避免因文化误解而产生的尴尬或冒犯。

（二）语言技能提升

语言培训也是跨文化培训的关键环节。除了基本的语言技能学习，如语法、词汇、发音等，更注重语言背后的文化内涵与表达方式。以英语为例，不同英语国家在词汇使用、俚语俗语、幽默表达等方面存在显著差异。

美国英语较为随意、直白，而英国英语相对传统、含蓄。学习这些差异有助于员工在与不同英语国家人士交流时，准确理解对方意图，避免误解。例如，“biscuit”在英国指饼干，而在美国则多表示一种松软的小面包；“knock it off”是美国常用俚语，表示停止做某事，而在其他英语地区可能不常用或有不同含义。

(三) 沟通技巧培养

跨文化沟通技巧培训着重提升员工在多元文化环境中的交流能力。包括如何克服文化偏见与刻板印象，以开放、包容的心态对待不同文化。培训员工学会根据对方文化背景调整沟通方式，如在与高语境文化（如中国、日本）交流时，注重非语言信号、隐含信息的解读；与低语境文化（如美国）交流时，更强调信息的清晰、明确表达。通过角色扮演、案例分析等方式，员工可以在模拟的跨文化场景中实践沟通技巧，增强应对能力。

(四) 培训方式创新

文化适应能力培训旨在帮助员工顺利融入不同文化环境。当员工被派往海外工作或参与跨国项目时，了解当地文化习俗、社会规范、生活方式等至关重要。

在跨文化培训方式上，可采用课堂讲授与实地体验相结合的模式。课堂上，由专业讲师系统讲解文化知识、理论框架；实地体验则安排员工参与国际商务活动、文化交流项目或海外实习。例如，组织员工参加国际商务展会，在实际的商务交往中应用所学跨文化知识与技能；安排员工到国外合作团队短期实习，深入体验当地团队文化与社会生活，加速文化适应过程。还可利用多媒体资源，如观看不同文化背景的电影、纪录片，分析其中的文化元素与沟通场景，加深员工对多元文化的感性认识。通过在线学习平台，提供丰富的跨文化学习资料，如电子书籍、文化讲座视频等，方便员工自主学习与随时复习。

二、技术技能培训：紧跟科技发展步伐

随着科技的飞速发展，员工的技术技能必须不断更新迭代，以适应市

场竞争与业务发展需求。技术技能培训内容根据行业特点与机构战略目标而定。

（一）科技机构核心技能

对于科技机构，软件开发培训涵盖多种编程语言、开发框架与工具的学习。从基础的编程语言到前沿的开发框架，再到实用的开发工具。员工通过培训，能够熟练掌握从项目搭建、代码编写到版本控制、容器化部署等全流程开发技能。

（二）制造业关键技术

在制造业，自动化与智能制造技术培训成为关键。包括工业机器人操作与编程、自动化生产线维护、智能制造系统集成等内容。员工学习如何操作工业机器人完成生产任务，如焊接、装配、搬运等；掌握自动化生产线的故障诊断与排除方法，确保生产线的高效稳定运行；了解智能制造系统的架构与集成原理，促进机构生产制造的数字化、智能化转型。例如，汽车制造机构的员工通过培训，能够熟练操作机器人手臂进行汽车零部件的精确装配，利用传感器技术实时监测生产线状态，通过数据分析优化生产流程，提高生产效率与产品质量。

（三）数据分析与人工智能培训

数据分析与人工智能培训在当今数字化时代具有广泛需求。培训内容涉及数据收集、整理、分析的方法与工具，如SQL数据库查询语言、数据可视化工具等；同时深入学习人工智能算法与模型，如机器学习中的分类、回归算法，深度学习中的神经网络架构等。员工学会运用数据分析技术挖掘业务数据中的潜在价值，为机构决策提供数据支持；利用人工智能技术实现业务流程自动化、智能预测与个性化推荐等功能。例如，电商机构的员工通过数据分析了解消费者行为模式，基于人工智能算法实现精准营销，提高客户转化率与购物体验。

（四）网络安全培训

网络安全培训也是机构技术技能培训的重要领域。随着网络攻击手段的日益多样化与复杂化，员工需要掌握网络安全基础知识，如网络架构与协议安全、操作系统安全配置、密码学原理等；学习网络安全防护技术，如防火墙配置、入侵检测与防御系统（IDS/IPS）部署、数据加密与解密技术等；了解网络安全法律法规与合规要求，确保机构网络运营符合法律规范。例如，金融机构的员工通过网络安全培训，能够有效防范网络金融诈骗、保护客户信息安全，维护机构的声誉与经济利益。

（五）技术技能培训

技术技能培训方式注重实践操作与项目驱动。建立机构内部实验室或培训基地，配备先进的技术设备与软件工具，让员工在模拟的真实工作环境中进行实践操作。例如，科技机构的软件开发培训可在内部的创新实验室进行，员工分组完成实际的软件项目开发任务，从需求分析、设计、编码到测试，全过程体验软件开发流程，提高实践动手能力与团队协作能力。采用导师制与学徒制相结合的方式，由经验丰富的技术专家或资深员工担任导师，对新员工或技术水平较低的员工进行一对一指导。导师在项目实践中传授技术经验、解决技术难题，加速员工技术成长。同时，与高校、科研机构、专业培训机构合作，开展技术培训课程与项目合作。例如，机构与高校计算机学院合作举办人工智能培训班，邀请高校教授与机构技术骨干共同授课，结合机构实际项目案例进行教学，使培训内容更具前沿性与实用性。利用在线学习平台与虚拟仿真技术，提供远程技术培训课程与虚拟实验环境。员工可随时随地通过网络学习技术知识、进行虚拟实验操作，打破时间与空间限制，提高培训效率与灵活性。

三、软技能培训：提升员工综合素质

在多元化的职场环境中，软技能已成为员工成功的关键因素之一。软技能培训内容广泛，涵盖沟通能力、团队协作能力、领导力、创新能力与情绪管理能力等多个方面。

(一) 沟通能力培训

沟通能力培训旨在提高员工在各种场景下的信息传递与交流效果。包括口头表达能力，如演讲技巧、商务谈判技巧、会议主持技巧等，培训员工如何组织语言、运用声音语调、肢体语言等增强表达感染力与说服力；书面表达能力，如撰写商务报告、邮件、项目计划书等，员工学习如何规范写作格式、清晰表达观点、准确传达信息，避免因书面表达不清而产生误解。

(二) 团队协作能力培训

团队协作能力培训注重培养员工在团队中的合作意识与协作技巧。内容包括团队角色认知，让员工了解自己在团队中的角色定位与职责，如领导者、协调者、执行者、创新者等角色的特点与作用；团队沟通技巧，如有效倾听、反馈、冲突解决等，培训员工如何倾听他人意见与需求，及时给予反馈，当团队中出现冲突时，学会运用建设性的方式解决冲突，如协商、妥协、合作等方法，维护团队和谐稳定；团队建设活动，通过组织户外拓展、团队游戏等活动，增强团队成员之间的信任与默契，提高团队凝聚力与战斗力。例如，在户外拓展训练中，员工分组完成各种具有挑战性的任务，如攀岩、过河、搭建帐篷等，在活动中学会相互信任、相互支持，提升团队协作精神。

(三) 领导力培训

领导力培训针对不同层级的员工设计不同层次的内容。对于基层员工，侧重于培养自我管理与团队领导潜力。包括时间管理、目标设定、任务分配等技能，让员工学会合理安排自己的工作时间，设定明确的工作目标，并有效地将任务分配给团队成员。对于中层管理者，重点提升团队管理与组织协调能力。如学习如何制订团队工作计划、激励团队成员、评估团队绩效等，同时掌握企业内部的沟通协调机制，促进部门之间的协作与资源共享。对于高层管理者，强调战略规划与变革管理能力。培训内容涉及企业战略分析、制定与实施，如市场定位、竞争策略、业务拓展等方面，学习如何引领企业变革，应对市场变化与挑战，如企业变革理论、变革阻力管理、创新驱动发展等。例如，高层管理者通过参加战略规划培训课程，与行业领袖、知名人士交流研讨，制定企业的长期发展战略，推动企业转型升级与可持续发展①。

（四）创新能力培训

创新能力培训激发员工的创新思维与创造力。培训内容包括创新思维方法，如头脑风暴法、六顶思考帽法、TRIZ 理论等，员工学习如何突破传统思维模式，运用不同的思维工具与方法产生创新想法；创新管理技巧，如创新项目管理、创新团队组建与激励等，企业鼓励员工提出创新项目建议，并为其提供资源支持与管理指导，同时建立创新激励机制，对有创新成果的员工给予奖励，营造良好的创新氛围；创新文化建设，通过宣传创新理念、分享创新案例等方式，在企业内部培育创新文化，使创新成为员工的自觉行为与企业的核心价值观。

（五）情绪管理能力培训

情绪管理能力培训帮助员工认识与控制自己的情绪，提高心理调适能力。包括情绪识别与表达，让员工了解自己的情绪状态，学会正确地表达自己的情绪，避免情绪压抑或失控；情绪调节技巧，如深呼吸、冥想、积极的自我暗示等方法，员工在面对工作压力、人际关系紧张等情况时，能够运用这些技巧调节情绪，保持冷静与理智；压力应对策略，如时间管理、放松训练、寻求社会支持等，培训员工合理安排工作与生活，通过运动、旅游、阅读等方式放松身心，同时学会向家人、朋友、同事或专业心理咨询师寻求帮助，缓解工作压力。例如，企业为员工提供心理健康咨询服务，定期举办压力管理讲座与放松训练活动，如瑜伽、冥想课程等，帮助员工维护心理健康，提高工作生活质量。

（六）培训形式多元

软技能培训方式灵活多样，注重体验式学习与实践应用。采用案例教学法，分析实际工作中的软技能案例，让员工从成功与失败的案例中汲取经

① 李蕾．自我管理在人力资源管理中的应用研究 [J]. 商场现代化，2024(24):68–70.

验教训，提高解决实际问题的能力。例如，在沟通能力培训中，分析商务沟通中的成功案例与失败案例，总结有效沟通的技巧与方法，避免员工犯类似的错误。开展角色扮演活动，让员工在模拟的工作场景中扮演不同角色，实践软技能。如在团队协作能力培训中，模拟团队项目会议场景，员工分别扮演项目经理、团队成员、客户等角色，进行项目讨论、决策、沟通等活动，提高团队协作技巧与应对复杂情况的能力。利用小组讨论与分享的方式，组织员工针对软技能相关话题进行讨论，分享自己的经验与见解，相互学习与启发。例如，在创新能力培训中，组织员工分组讨论企业的创新机会与挑战，每个小组分享自己的创新想法与方案，通过思想碰撞激发更多创新灵感。提供在线学习资源与微课程，方便员工自主学习与碎片化学习。如在情绪管理能力培训中，制作关于情绪调节技巧的微视频课程，员工可在手机或电脑上随时随地学习，提高学习效率与便利性。

四、创新培训方式：提升培训效果与参与度

传统的培训方式往往存在形式单一、员工参与度不高、培训效果有限等问题。因此，创新培训方式成为提高多元化培训体系有效性的关键。

（一）VR/AR 沉浸式培训

虚拟现实（VR）与增强现实（AR）技术在培训中的应用为员工带来全新的学习体验。在职业技能培训中，如航空航天、医疗手术、机械制造等领域，VR/AR 技术可创建高度逼真的模拟工作环境。例如，航空维修人员可通过 VR 技术进入虚拟的飞机发动机维修场景，进行维修操作练习，熟悉维修流程与工具使用，提高维修技能与准确性；医疗人员可利用 AR 技术在真实的手术场景中叠加虚拟的解剖结构、手术指导信息等，辅助手术操作，降低手术风险。在安全教育培训中，VR/AR 技术可模拟火灾、地震、化学泄漏等灾害场景，员工身临其境感受灾害危险，学习应急逃生与救援技能，增强安全意识与应对能力。这种沉浸式的培训方式能够极大地提高员工的学习兴趣与参与度，同时缩短培训时间。

(二) 游戏化培训模式

游戏化培训将游戏的元素与机制融入培训过程。设计各种培训游戏，如角色扮演游戏、策略游戏、冒险游戏等，使培训内容更具趣味性与挑战性。例如，在销售培训中，设计一款销售策略游戏，员工分组扮演不同的销售团队，在模拟的市场环境中竞争，制定销售策略、开拓客户市场、完成销售任务，通过游戏过程学习销售技巧、市场分析、团队协作等知识与技能。在领导力培训中，采用角色扮演游戏，员工扮演不同层级的管理者，面对各种管理挑战与决策情境，如团队冲突处理、资源分配、战略制定等，在游戏中锻炼领导力与决策能力。游戏化培训还可设置积分、排行榜、奖励等激励机制，激发员工的竞争意识与学习动力，使员工在轻松愉快的氛围中完成培训任务。

(三) 移动学习平台

移动学习平台为员工提供便捷、灵活的学习方式。员工可通过手机、平板电脑等移动设备随时随地访问学习平台，学习培训课程、参加考试测验、与其他学员交流互动等。移动学习平台的课程内容丰富多样，包括视频课程、音频课程、电子文档、微课程等，满足员工不同的学习需求与学习习惯。例如，员工可在上下班途中利用碎片化时间观看微课程视频，学习专业知识或软技能；在出差期间通过手机参加在线考试，检验自己的学习成果。移动学习平台还可利用大数据分析技术，根据员工的学习行为、学习进度、学习成绩等数据，为员工提供个性化的学习推荐与学习路径规划，提高学习效率与针对性。

(四) 在线直播培训

在线直播培训打破了时间与空间的限制，实现远程实时教学。企业可邀请行业专家、知名学者、企业内部资深人士等通过在线直播平台进行授课与讲座。例如，在技术前沿讲座中，邀请人工智能领域的专家通过在线直播介绍最新的研究成果与应用案例，员工可在线提问、互动交流，及时了解行业动态与技术发展趋势；在管理经验分享中，企业内部资深人士通过在线直播分享企业管理经验与战略规划思路，员工可从中学习管理技巧与战略思维。在线直播培训还可进行课程录制，方便员工后续回放学习，巩固知识。同时，可利用在线直播平台的互动功能，如投票、抽奖、问答等，提高员工的参与度与学习积极性。

（五）社群学习生态

社群学习模式促进员工之间的知识共享与协作学习。企业可在内部建立学习社群，如微信学习群、论坛学习社区等，员工根据自己的兴趣爱好、学习需求等加入不同的社群。在社群中，员工可分享学习资源、交流学习心得、讨论学习问题、开展项目合作等。例如，在技术学习社群中，员工分享自己发现的新技术文章、开源项目代码、技术学习笔记等资源，共同探讨技术难题与解决方案；在软技能学习社群中，员工交流沟通技巧、团队协作经验、领导力提升方法等，相互学习与借鉴。社群学习模式还可邀请专家或导师加入社群，为员工提供专业指导与答疑解惑，营造良好的学习氛围，促进员工的共同成长与发展。

通过实施多元化培训内容与创新培训方式，企业能够提升员工的综合素质与能力水平，适应市场变化与企业发展需求，增强企业的核心竞争力。在实际操作过程中，企业应根据自身的行业特点、组织规模、员工需求等因素，合理选择培训内容与培训方式，构建具有特色与针对性的多元化员工培训与发展体系，并不断优化与完善，为员工的成长与企业的可持续发展提供有力保障。

第三节　员工职业发展路径的多元化拓展

一、专业技术通道：精研技艺，纵深发展

（一）技术层级晋升：从初阶到专家的成长之路

专业技术通道为那些热衷于技术钻研、追求专业深度的员工提供了清晰的职业晋升路线。以一家软件研发机构为例，刚入职的软件工程师处于技

术通道的起始层级，主要负责基础模块的编码工作，熟悉公司的技术架构与开发流程。随着经验的积累和技术能力的提升，他们可以晋升为中级软件工程师。中级工程师不仅能够独立承担较为复杂的功能模块开发，还需具备一定的系统设计能力，能够对初级工程师的代码进行审核与指导，确保代码质量与项目进度。例如，在一个大型电商平台的开发项目中，中级软件工程师需要设计用户购物车功能模块的架构，考虑到商品的添加、删除、修改，数量计算，与库存系统的对接，以及在高并发场景下的性能优化等多方面因素，运用数据库设计、算法优化等技术手段来实现高效稳定的购物车功能。

当技术水平进一步提高，中级软件工程师有机会晋升为高级软件工程师。高级软件工程师在技术领域具有深入的造诣，能够解决项目中的关键技术难题，对整个软件系统的架构进行优化和创新。他们是技术团队的核心骨干，负责攻克如系统性能瓶颈、数据安全防护等复杂技术问题。比如，在处理海量用户数据的金融交易系统中，高级软件工程师需要深入研究分布式计算技术，如 Hadoop 生态系统中的 Hive、Spark 等组件，构建高效的数据处理和分析架构，确保系统在高并发交易情况下的响应速度和数据准确性，同时采用先进的加密算法和网络安全技术保障用户交易数据的安全传输与存储。

再往上，技术专家则是专业技术通道的顶尖层级。技术专家不仅在机构内部拥有极高的技术威望，在行业内也具备一定的影响力。他们专注于前沿技术研究与创新，为机构的技术战略方向提供决策依据，引领机构在技术领域保持竞争力。例如，技术专家可能会投身于人工智能、区块链等新兴技术在机构产品中的应用研究，与高校、科研机构开展合作项目，将最新的研究成果引入机构，推动机构技术变革与产品升级。如在一家金融科技公司，技术专家通过深入研究区块链技术在跨境支付中的应用，构建基于区块链的分布式账本系统，实现跨境支付的快速、安全、低成本结算，提升机构在国际金融市场的竞争力。

（二）企业支持体系：助力技术人才腾飞

为了支持员工在专业技术通道上的发展，企业需要提供一系列的资源与机制。首先，在培训方面，应根据不同技术层级的需求，提供有针对性的技术培训课程。对于初级工程师，开展基础编程技能强化培训、开发工具使用培训等；对于中级工程师，组织系统设计、架构模式、数据库优化等进阶课程；高级工程师和技术专家则可以参加行业高端技术研讨会、学术交流活动以及与顶尖科研机构合作的专项研究项目培训。例如，企业可以定期邀请行业知名技术专家来公司举办内部讲座，分享最新技术趋势和实践经验；选派优秀的高级工程师和技术专家参加国际技术峰会，如全球人工智能大会、国际区块链技术论坛等，让他们与世界顶尖技术人才交流互动，拓宽技术视野。

其次，企业要建立技术能力评估体系，定期对员工的技术水平进行客观公正的评估。评估指标可以包括项目成果、技术难题解决能力、代码质量、技术创新贡献等多个方面。通过量化的评估结果，员工能够清晰地了解自己的技术水平在企业内的位置，明确努力的方向。例如，每半年进行一次技术评估，评估项目成果时，考查员工在参与的项目中所承担的任务完成情况、是否按时交付、是否达到项目预期目标等；在技术难题解决能力方面，分析员工在面对项目中的技术挑战时所采取的解决方案的有效性、创新性以及对项目推进的影响程度等。

此外，企业还应营造良好的技术交流氛围，搭建技术分享平台。例如，设立内部技术论坛、技术博客等，鼓励员工分享自己的技术心得、经验教训和创新思路。定期举办技术沙龙、技术竞赛等活动，激发员工的学习热情和创新动力。在技术沙龙中，员工可以就某个特定的技术话题进行深入探讨，如“如何优化 Python 代码性能”“深度学习在图像识别中的应用实践”等，通过思想碰撞，促进技术知识的传播与创新思维的激发。技术竞赛则可以设置不同的技术主题和项目任务，如“最佳移动应用开发设计竞赛”“数据挖掘算法优化竞赛”等，员工组队参赛，在竞争中提升技术能力和团队协作能力[①]。

二、管理晋升通道：统筹协调，引领团队

（一）管理层级进阶：从基层到高层的领导之路

管理晋升通道是为那些具备领导才能、善于组织协调和激励团队的员工而设立的职业发展路径。在企业中，基层管理者如小组组长或项目经理助理，是管理链条的起始环节。他们主要负责协助上级管理者进行日常工作的

① 邢潇文 . 新时代背景下企业加强人力资源管理的策略 [J]. 四川劳动保障 , 2024(9):58−59.

组织与协调，如安排团队成员的工作任务、跟踪任务进度、收集工作数据并向上级汇报等。以一个市场营销项目为例，项目助理需要根据项目计划，将市场调研、广告策划、活动执行等任务合理分配给团队成员，明确每个任务的时间节点和质量要求，每天收集成员的工作进展情况，整理成详细的报告提交给项目经理，确保项目按计划有序推进。

当基层管理者积累了一定的经验并展现出较强的领导能力后，他们有机会晋升为中层管理者，如部门经理或项目经理。中层管理者负责整个部门或项目团队的运营管理，需要制订部门或项目的战略规划、预算编制、资源分配以及团队成员的绩效考核等。例如，在一个产品研发部门，部门经理要根据企业的战略目标和市场需求，制订年度产品研发计划，确定研发项目的优先级和资源投入，组织团队进行产品设计、开发、测试等工作。在这个过程中，部门经理需要合理调配人力资源，确保各个项目都有足够的技术人员、设计师、测试人员等；编制预算时，要考虑到研发设备购置、人员薪酬、外部合作费用等各项开支；同时，建立科学合理的绩效考核体系，对团队成员的工作表现进行定期评估，激励员工提高工作效率和质量。

高层管理者则处于企业管理的核心层级，如公司的副总经理、总经理等。他们负责制订企业的整体战略规划、把握市场发展方向、进行重大决策以及协调各部门之间的关系。高层管理者需要具备宏观的战略眼光、敏锐的市场洞察力和卓越的领导艺术。例如，在面对激烈的市场竞争和行业变革时，总经理要深入分析市场趋势、竞争对手动态以及企业自身的优势和劣势，制定出适合企业发展的战略方向，如是否进入新的市场领域、是否开展战略并购或合作等重大决策。同时，要协调好研发、生产、销售、财务等各个部门之间的工作关系，确保组织运营的各个环节协同高效运作，实现企业的长期稳定发展。

（二）组织助力体系：培育管理人才梯队

为了助力员工在管理晋升通道上的成长，企业要提供丰富的管理培训课程。针对基层管理者，开展基础管理知识培训，如管理学原理、组织行为学、沟通技巧等课程，帮助他们掌握基本的管理概念和方法，提升沟通协调能力。中层管理者可以参加领导力提升培训、战略管理培训、人力资源管理培训等进阶课程，学习如何提升团队领导力、制订有效的战略规划以及优化人力资源配置等技能。高层管理者则可以参与高端的商业领袖培训课程、宏观经济形势分析讲座、行业趋势研讨会等，拓宽战略视野，提升决策能力和应对复杂商业环境的能力。例如，企业可以与知名商学院合作，定制内部管理培训课程，邀请商学院教授来授课；选派优秀的管理者参加国内外知名的商业培训项目，如哈佛商学院的高级管理培训课程、中欧国际工商学院的领导力发展课程等。

企业还需建立完善的管理能力评估体系，从领导能力、决策能力、组织协调能力、团队建设能力等多个维度对管理者进行定期评估。评估方式可以包括上级评价、下属评价、同级评价以及360度评估等，确保评估结果的全面性和客观性。例如，在评估领导能力时，上级评价可以考查管理者是否能够明确团队目标、合理分配任务、有效激励员工；下属评价则关注管理者是否关心员工发展、是否善于倾听员工意见、是否公平公正地对待员工；同级评价主要分析管理者在跨部门合作中的沟通协调能力、资源共享意识等。通过评估结果，管理者能够发现自己的管理优势和不足之处，有针对性地进行自我提升和改进。

此外，企业要为管理者提供丰富的实践锻炼机会。例如，实行轮岗制度，让管理者在不同部门或岗位上进行锻炼，拓宽管理视野，了解企业运营的各个环节，提升综合管理能力。对于有潜力的管理者，可以安排他们负责重要的项目或业务拓展任务，在实践中积累经验、锻炼决策能力和应对风险的能力。如在企业开拓新的市场区域时，选派优秀的中层管理者担任区域负责人，让他们在市场调研、团队组建、业务开展等实际工作中，提升自己的战略规划、市场开拓和团队管理能力。

三、跨领域转型通道：多元探索，跨界发展

（一）转型筹备：自我评估与方向确定

随着市场环境的快速变化和业务的多元化拓展，跨领域转型通道为员工提供了突破原有专业局限、探索多元职业发展的机会。在一家综合性企业内部，员工可能从传统的制造业岗位转型到新兴的服务业领域，或者从技术

研发岗位转向市场营销岗位等。例如，一位在汽车制造企业从事生产工艺工程师工作多年的员工，由于对汽车市场的发展趋势和消费者需求有深入的了解，并且自身具备较强的沟通能力和创新思维，有机会转型到汽车销售与市场推广部门。

跨领域转型的第一步通常是员工自我评估与兴趣探索。员工需要深入分析自己的兴趣爱好、优势技能、知识储备以及职业价值观等因素，确定自己潜在的转型方向。例如，一位擅长数据分析的员工，如果对金融市场感兴趣，并且具备一定的经济学基础知识，可能会考虑转型到金融行业的风险分析或投资策略研究岗位。在这个过程中，企业可以提供职业测评工具和咨询服务，帮助员工更好地了解自己的职业倾向和转型潜力。比如，企业引入专业的职业性格测评、能力倾向测评等工具，由人力资源专业人员根据测评结果为员工提供个性化的职业转型建议和规划指导。

(二) 知识技能重塑：学习转型新本领

在确定转型方向后，员工需要进行知识与技能的补充学习。企业可以通过内部培训、在线学习平台、外部进修课程等多种方式为员工提供支持。例如，对于从技术岗位转型到管理岗位的员工，可以组织内部管理培训课程，涵盖项目管理、团队管理、沟通技巧等内容；同时，推荐员工参加外部的工商管理进修课程，系统学习管理学、市场营销、财务管理等知识。对于从传统行业转型到新兴行业的员工，如从制造业转型到人工智能行业，企业可以与专业培训机构合作，为员工提供人工智能基础理论、算法编程、应用案例分析等方面的培训课程，帮助员工快速掌握新兴行业的知识和技能。

(三) 实践积累跨越：获取跨域工作经验

实践经验的积累是跨领域转型成功的关键环节。企业可以通过内部项目合作、岗位见习、导师辅导等方式为员工创造实践机会。例如，在一个金融科技项目中，安排从传统金融岗位转型到金融科技领域的员工参与其中，让他们在实际项目中了解金融科技产品的研发流程、运营模式以及市场推广策略等，与技术团队、市场团队密切合作，积累跨领域工作经验。同时，为转型员工配备导师，导师可以是来自目标领域的资深专家或成功转型的员工，他们能够在工作中给予转型员工具体的指导和建议，帮助他们解决遇到的问题和困难，加速转型进程。

（四）激励保障机制：推动转型积极踊跃

为了鼓励员工进行跨领域转型，企业还应建立相应的激励机制。例如，在薪酬待遇方面，对于成功转型的员工给予一定的薪资提升或补贴，以补偿他们在转型过程中可能面临的收入波动风险；在职业发展方面，为转型员工制订专门的职业发展规划，明确转型后的晋升路径和发展目标，让他们看到转型后的职业前景和希望。如对于从技术研发成功转型到市场营销的员工，企业可以根据其在市场推广工作中的业绩表现，为其设定从市场专员到市场经理再到市场总监的晋升路径，并在每个阶段提供相应的培训和发展机会，激励员工在新的领域努力拼搏。

四、内部创业通道：创新驱动，自主发展

（一）创业发起：创意孕育与计划筹备

内部创业通道为那些富有创新精神、敢于冒险且具备创业能力的员工提供了在机构内部实现创业梦想的平台。在一些大型商业企业中，如华为、腾讯等，都设有内部创业机制。例如，华为鼓励员工提出创新的业务想法和项目方案，如果通过公司的评估审核，员工可以获得公司的资源支持，包括资金、技术、人力等方面的支持，在机构内部开展创业项目。

内部创业项目的发起通常源于员工的创新想法或对市场新机遇的敏锐洞察。员工首先需要向机构提交详细的创业计划书，计划书应包括项目背景、市场分析、产品或服务描述、商业模式、运营计划、财务预算、团队组建等内容。例如，在一家互联网机构中，员工发现随着移动办公需求的日益增长，市场上缺乏一款针对特定行业的高效移动办公协作平台，于是提出了内部创业项目计划。在市场分析部分，详细阐述了目标行业的市场规模、增长趋势、竞争状况以及未被满足的市场需求；产品或服务描述中，介绍了移动办公协作平台的功能特色、技术架构、用户体验设计等；商业模式则规划了平台的盈利模式，如收取机构用户的订阅费用、与第三方应用开发商的

合作分成等；运营计划涵盖了平台的开发进度安排、市场推广策略、客户服务体系建设等；财务预算对项目所需的研发投入、市场推广费用、人员薪酬等各项成本进行了详细估算，并预测了未来的收入和利润情况；团队组建方面，明确了项目所需的技术开发人员、产品经理、市场运营人员等的招聘计划和职责分工。

（二）项目评估：严格筛选优质方案

企业在收到员工的创业计划书后，会组织专业的评审团队对项目进行评估。评审团队通常由企业高层领导、技术专家、市场专家、财务专家等组成。评估内容包括项目的创新性、市场前景、技术可行性、财务合理性、团队能力等多个方面。例如，在评估项目的创新性时，看其是否具有独特的技术创新点或商业模式创新；市场前景方面，分析目标市场的规模、潜力、竞争态势以及项目在市场中的定位和竞争优势；技术可行性则考查项目所采用的技术方案是否成熟可靠，是否能够在企业现有的技术基础上实现；财务合理性主要评估项目的成本预算、收入预测、盈利模式是否合理可行；团队能力关注创业团队成员的专业背景、工作经验、创新能力、团队协作能力等是否能够支撑项目的成功实施。只有通过严格评估的项目才能获得企业的内部创业许可。

（三）资源支撑：助力创业项目起航

在内部创业项目开展过程中，企业会为创业者提供全方位的资源支持。在资金方面，设立专项创业基金，为项目提供启动资金和后续的运营资金支持。例如，腾讯为内部创业项目提供了高达数亿元的创业基金，根据项目的不同阶段和需求进行资金投放。在技术资源上，创业者可以共享企业的技术研发平台、专利技术、技术人才等资源。例如，在一家科技企业内部创业的项目团队可以利用企业的先进实验室设备、云计算平台等进行产品研发。人力资源方面，企业帮助创业者招聘合适的人才，同时提供员工培训和发展机会。例如，企业的人力资源部门利用自身的招聘渠道和人才库，为创业项目推荐优秀的技术人才、管理人才等，并组织内部培训课程，提升创业团队的整体素质。

（四）监督考核：保障创业顺利推进

为了确保内部创业项目的顺利推进，企业还需要建立有效的监督与考核机制。定期对创业项目的进展情况、财务状况、市场表现等进行监督检查，及时发现问题并给予指导和调整。例如，每月召开项目进展汇报会，要求创业者汇报项目的开发进度、市场推广效果、用户反馈、财务收支情况等，评审团队根据汇报内容提出意见和建议。同时，建立以业绩为导向的考核机制，根据项目的阶段性目标和最终目标的完成情况对创业者进行考核评价。如果项目未能达到预期目标，企业可能会采取调整项目方向、更换团队成员、减少资源投入甚至终止项目等措施；如果项目取得成功，企业会给予创业者相应的奖励和回报，如股权分配、利润分成、晋升机会等，激励更多员工积极参与内部创业活动，为企业创造更多的创新价值和商业机会。

通过构建员工职业发展路径的多元化拓展体系，企业能够充分满足不同员工的职业发展需求，激发员工的工作积极性和创造力，提升员工队伍的整体素质和稳定性，进而增强企业的核心竞争力，在日益复杂多变的市场环境中实现可持续发展。在实施过程中，企业需要根据自身的行业特点、规模大小、发展战略等因素，不断优化和完善各个职业发展通道的设计与管理机制，为员工提供更加广阔的职业发展空间和更加优质的职业成长支持。

第六章　多元化激励机制与绩效评估

第一节　多层次多元化激励体系的构建

一、短期激励

短期激励旨在迅速且直接地对员工的工作表现给予反馈与奖励，从而有效激发员工短期内的工作积极性与创造力，促使他们全力达成阶段性的工作目标。

（一）奖金激励

奖金激励是短期激励中最为常见且极具影响力的形式之一。其涵盖了绩效奖金、项目奖金以及销售提成等多种类别。绩效奖金紧密关联员工在特定考核周期内的工作绩效。例如，在一个月度或季度的考核中，依据员工的工作任务完成情况、工作质量、工作效率等关键绩效指标（KPI）来确定奖金数额。若一名市场营销专员成功策划并执行了一场营销活动，使得活动参与人数超出预期目标的30%，产品销售额在活动期间提升了20%，且品牌知名度在社交媒体上得到显著提高，那么他将基于出色的绩效成果获得一笔丰厚的绩效奖金。项目奖金则是针对参与特定项目的员工团队所设立的激励方式。以软件开发项目为例，当项目团队提前且高质量地完成项目开发任务，确保软件产品在功能、稳定性和用户体验等方面均达到或超越预定标准，同时严格控制项目成本在预算范围内，团队成员将共同分享一笔可观的项目奖金。这不仅能够激励团队成员在项目执行过程中紧密协作、全力以赴，还能有效提升他们对项目成果的责任感与成就感。销售提成对于销售岗位的员工具有强大的激励作用。例如，在一家电子产品销售公司，销售人员每成功销售一台高利润的电子产品，如高端智能手机或笔记本电脑，便可按照一定比例获得销售提成。这种直接与销售业绩挂钩的激励方式能够极大地激发销售人员的工作热情，促使他们积极拓展客户资源、提升销售技巧，努力达成更高的销售目标。

（二）荣誉奖励

除奖金激励外，荣誉奖励同样在短期激励中发挥着重要作用。企业可以设立诸如“月度之星”“季度优秀员工”“最佳项目团队”等荣誉称号，并在公司内部进行公开表彰。获得这些荣誉称号的员工或团队，其名字和事迹将被展示在公司的荣誉墙上、内部刊物或网站上，成为全体员工学习的榜样。这种荣誉奖励不仅能够满足员工的自尊心和成就感，还能在企业内部营造出一种积极向上、奋勇争先的工作氛围。例如，一位客服代表在一个月内以卓越的服务态度和高效的问题解决能力，成功处理了大量客户投诉，客户满意度高达 95% 以上，被评为“月度之星”。他的照片和事迹被刊登在公司内部刊物上，同时在公司月度大会上接受表彰，这无疑会激励他在后续的工作中继续保持高水准的服务质量，也会激发其他客服代表努力提升自己的服务水平，以争取获得同样的荣誉。

（三）福利激励

短期福利激励也是不容忽视的激励手段。例如，企业可以为员工提供弹性工作时间、额外的休假天数、免费的工作餐或下午茶等福利。弹性工作时间能够给予员工更多的工作安排自主性，满足他们在工作与生活平衡方面的需求。这种灵活的工作制度能够有效提高员工的工作满意度和工作效率。额外的休假天数则为员工提供了更多的休息和放松机会，使他们能够在紧张的工作之余更好地调整身心状态。免费的工作餐或下午茶不仅能够满足员工的生理需求，还能为员工创造一个轻松愉快的工作环境，增强员工之间的交流与互动。例如，一家金融机构每天为员工提供营养丰富的工作餐，包括荤素搭配的热菜、凉菜、汤品和水果，并且在下午 3 点至 4 点之间提供精致的下午茶，如咖啡、茶点或水果沙拉。这些福利措施让员工感受到企业的关怀与重视，从而更加积极地投入工作中。

二、中期激励

中期激励侧重于在一段相对适中的时间跨度内，如半年至两年，为员工提供持续的激励动力，以推动员工在个人职业技能提升、岗位绩效稳定增长以及团队协作等方面取得显著进展，进而实现企业与员工的中期发展目标。

（一）培训与发展机会

培训与发展机会是中期激励的关键要素之一。企业可以为员工提供各类专业技能培训课程、职业资格认证培训、领导力培训以及参加行业研讨会和学术交流活动的机会。例如，对于一名从事会计工作的员工，企业为其提供注册会计师（CPA）考试培训课程，并给予一定的学习时间安排上的支持，如在工作任务相对轻松的时期，允许员工减少部分日常工作量，以便集中精力备考。当员工成功通过 CPA 考试后，不仅能够提升自身的专业价值，还能为企业在财务管理、审计合规等方面提供更专业的服务。对于有管理潜力的员工，企业可以选拔他们参加为期半年的领导力培训项目，包括课堂授课、案例分析、模拟管理场景演练以及导师辅导等环节。通过系统的领导力培训，员工能够学习到先进的管理理念、团队建设技巧、决策制定方法等知识与技能，为其未来晋升为管理岗位奠定坚实的基础。参加行业研讨会和学术交流活动则能够拓宽员工的行业视野，让他们及时了解到行业内的最新技术动态、市场趋势和管理经验，为企业引入新的思路和方法。例如，一家科技机构每年选派部分优秀员工参加国际消费电子展（CES）等行业顶级盛会，员工在展会上与全球各地的科技机构、科研机构和行业专家进行交流互动，学习到最前沿的电子产品设计理念、人工智能应用技术以及智能家居发展趋势等知识，并将这些宝贵的信息带回企业，为企业的产品研发和市场战略制定提供参考依据。

（二）岗位晋升与轮换

岗位晋升与轮换也是中期激励的重要手段。岗位晋升为员工提供了向上发展的空间和更高的职业成就目标。当员工在现岗位上表现出色，持续达成或超越岗位绩效目标，并且展现出具备晋升到更高一级岗位的能力和潜力时，企业应及时给予晋升机会。例如，一名基层销售代表在连续两年内均超额完成销售业绩指标，且在客户关系管理、市场开拓等方面表现突出，具备了一定的团队管理能力和市场分析能力，企业可将其晋升为销售主管，负责带领一个销售团队开展业务工作。岗位轮换则有助于员工拓展职业技能和工作经验，培养员工的多岗位适应性和综合业务能力。企业可以根据员工的兴趣爱好、职业发展规划以及企业内部的岗位需求，有计划地安排员工进行岗位轮换。例如，一名在人力资源部门从事招聘工作的员工，对企业的市场营销工作产生了浓厚的兴趣，且企业认为其具备一定的市场营销潜力，可安排其在市场营销部门进行为期一年的轮岗学习。在轮岗期间，员工将参与市场调研、广告策划、品牌推广等市场营销工作的各个环节，学习到全新的业务知识和技能，同时也能将人力资源管理方面的一些理念和方法引入市场营销工作中，如人才选拔与团队组建在营销项目中的应用等，为企业培养出具有综合业务能力的复合型人才。

（三）绩效奖金调整

绩效奖金的中期调整也是中期激励的有效方式之一。与短期的绩效奖金相比，中期绩效奖金调整更注重对员工在一段较长时间内的绩效表现进行综合评估和激励。企业可以设定半年或一年为一个绩效奖金调整周期，根据员工在该周期内的平均绩效水平、绩效提升幅度以及对企业的贡献价值等因素，对绩效奖金进行相应的调整。例如，一名员工在上半年的平均绩效评分较去年同期提高了 20%，且在企业的一个重要项目中提出了创新性的解决方案，为项目节省了大量成本并提高了项目效率，企业可在年中绩效奖金调整时，给予其大幅的奖金提升，以激励其在下半年继续保持良好的工作状态，并鼓励其他员工向其学习，努力提升自身绩效[①]。

三、长期激励

长期激励主要着眼于企业的长远发展战略，通过一系列长效激励机制，将员工的个人利益与企业的长期利益紧密绑定在一起，促使员工从企业的长

① 郭慧颖 . 数字化时代人力资源管理优化策略探析 [J]. 改革与开放，2022(6):61–65.

期发展视角出发，积极参与企业的战略规划与实施，为企业的可持续发展贡献力量。

（一）股权激励

股权激励是长期激励中最为典型且广泛应用的方式之一。机构可以向员工授予股票期权、限制性股票或员工持股计划等形式的股权。股票期权给予员工在未来一定期限内以约定价格购买公司股票的权利。例如，一家初创科技机构为吸引和留住核心技术人才与管理人才，向他们授予股票期权，约定在未来三年内，员工可以按照每股 10 元的价格购买公司股票。如果在这三年内，机构发展迅速，成功上市或股票市场价值大幅提升，员工行使股票期权后便可获得丰厚的收益。这不仅能够激励员工在当前努力工作，提升机构的业绩和市场竞争力，还能使员工关注机构的长期发展战略，如技术研发投入、市场拓展计划以及人才队伍建设等方面，因为这些因素都将直接影响机构股票的未来价值。限制性股票则是机构将一定数量的股票授予员工，但对股票的出售或转让设置了限制条件，如服务期限限制或业绩目标限制。例如，机构授予一名高管 10 万股限制性股票，要求其在公司服务满五年且在这五年内公司的年净利润增长率达到 20% 以上，才能解除限制并自由处置这些股票。这种激励方式能够有效约束员工的短期行为，确保员工在较长时间内为机构的发展持续努力工作。员工持股计划则是让广大员工共同持有公司一定比例的股份，使员工成为机构的股东之一，从而增强员工的主人翁意识和归属感。例如，一家传统制造机构实施员工持股计划，将公司 30% 的股份通过一定的分配方式让员工持有。员工在持有公司股份后，会更加关注机构的整体运营状况、成本控制、产品质量提升以及市场份额拓展等方面，积极参与机构的民主管理和决策过程，为机构的长远发展出谋划策，因为机构的发展好坏直接关系到他们手中股份的价值高低。

（二）长期福利

长期福利计划也是长期激励的重要组成部分。企业可以为员工提供诸如补充养老保险、机构年金、长期健康保险以及住房补贴等长期福利项目。补充养老保险和机构年金能够为员工的退休生活提供额外的经济保障，使员工在职业生涯期间更加安心地为企业工作，不用担心退休后的生活质量问题。例如，企业与员工共同缴纳机构年金，员工在退休后可以根据自己的年金账户积累金额领取相应的养老金，这为员工的晚年生活提供了稳定的收入来源。长期健康保险则为员工及其家庭在面临重大疾病或意外事故时提供经济上的保障，减轻员工的后顾之忧。例如，企业为员工购买了保额为50万元的重大疾病保险，当员工不幸患上合同约定的重大疾病时，便可获得相应的保险赔付，用于支付医疗费用和康复费用等。住房补贴对于一些员工尤其是年轻员工来说具有很大的吸引力，能够帮助他们缓解住房压力，提高生活质量，从而增强他们对企业的忠诚度和归属感。例如，企业为员工提供每月1000元的住房补贴，连续补贴五年，这对于正在努力购房或租房的员工来说是一笔不小的经济支持。

（三）职业发展规划

职业发展规划与长期激励的结合也是一种有效的激励方式。企业可以与员工共同制订长期的职业发展规划，并将其与企业的长期发展战略相匹配。例如，对于一名有潜力成为技术专家的员工，企业为其制订了一份为期十年的职业发展规划，包括在未来三年内让其成为技术骨干，参与企业的核心技术研发项目；在接下来的五年内，使其成为技术领域的专家，负责带领团队开展前沿技术研究；在最后两年内，将其提升为企业技术研发部门的负责人，全面负责企业的技术战略规划和团队管理工作。在这个过程中，企业为员工提供相应的培训机会、项目资源、晋升通道以及薪酬福利保障等支持措施，员工则根据企业的战略目标和职业发展规划要求，不断提升自己的专业技能、管理能力和综合素质，为企业的长期发展贡献自己的智慧和力量。这种将职业发展规划与长期激励相结合的方式，能够使员工清晰地看到自己在企业中的长期发展前景，激发他们为实现个人与企业的共同目标而努力奋斗的决心和动力。

四、特殊激励

特殊激励是针对员工在特殊情况下所做出的特殊贡献或企业处于特殊发展情境时所采用的激励方式，旨在对这些特殊情况给予及时且恰当的认可与奖励，以激发员工在特殊时刻或特殊领域的积极性与创造力，增强企业的凝聚力和应变能力。

（一）特殊贡献奖励

特殊贡献奖励主要是为了表彰那些在机构面临重大挑战、关键项目攻关或突发事件处理过程中做出卓越贡献的员工或团队。例如，在机构遭遇重大自然灾害或公共卫生事件等不可抗力因素影响时，部分员工可能会不顾个人安危，积极参与机构的应急救援、物资保障或业务恢复工作。如在一次地震灾害中，机构的物流团队成员冒着余震的危险，及时调配运输车辆，将救援物资和机构生产所需的关键原材料安全送达目的地，确保了机构的救援工作顺利开展和生产经营活动尽快恢复正常。机构应对这样的团队给予特殊贡献奖励，如颁发荣誉证书、给予高额奖金、提供额外的休假或晋升机会优先考虑等。在机构的关键项目攻关中，如研发一款具有突破性创新的产品或攻克一项行业技术难题时，那些提出关键创意、解决核心技术问题或在项目执行过程中发挥关键协调作用的员工也应得到特殊贡献奖励。例如，在一家制药机构研发抗癌新药的过程中，一名药物研发科学家通过多年的研究和实验，成功发现了一种全新的药物靶点，并开发出了有效的药物分子结构，为新药的研发成功奠定了坚实基础。机构为表彰其特殊贡献，除了给予丰厚的奖金奖励外，还可以以其名字命名该药物的研发专利，提升其在行业内的知名度和声誉，同时为其提供更好的科研条件和团队支持，鼓励其继续开展前沿研究工作。

（二）创新激励

创新激励在当今竞争激烈、技术快速迭代的市场环境中显得尤为重要。机构可以设立专门的创新奖励基金、创新成果分享机制或创新荣誉称号等激励措施，鼓励员工积极开展创新活动。例如，机构每年拿出100万元作为创新奖励基金，对那些提出创新性想法、开发出创新产品或优化机构业务流程的员工或团队进行奖励。对于一项被机构认定具有重大创新价值的产品或技术，机构可以给予创新团队一定比例的产品销售利润分享权，使他们能够从创新成果的商业化应用中获得经济利益。同时，机构可以设立“年度创新之星”“最佳创新团队”等荣誉称号，对创新成果突出的个人和团队进行公开表彰，在机构内部营造浓厚的创新氛围。

（三）困难时期激励

困难时期激励是机构在面临经营困境、市场萎缩或行业不景气等困难时期所采用的激励方式，旨在鼓舞员工士气，增强员工与机构共渡难关的信心和决心。在困难时期，机构可以采用精神激励为主、物质激励为辅的方式。例如，机构领导可以通过定期的员工大会、内部邮件或视频讲话等方式，向员工传达机构的发展战略、应对困难的措施以及对员工的信任和期望，让员工感受到机构的透明度和凝聚力。同时，机构可以适当调整薪酬结构，如降低固定工资比例，增加绩效工资比例，将员工的收入与机构的绩效更加紧密地挂钩，激励员工通过提高工作绩效来共同应对困难。此外，机构还可以开展一些节约成本、提高效率的活动，如“节能降耗月”“效率提升挑战”等，并对在活动中表现突出的员工或团队给予一定的奖励，如小额奖金、荣誉证书或实物奖品等。例如，在一家制造业机构面临市场需求大幅下降的困难时期，机构开展“成本控制先锋团队”评选活动，鼓励各生产车间和部门通过优化生产流程、降低原材料消耗、减少废品率等方式降低生产成本。对于在活动中取得显著成效的团队，机构给予一定的奖金奖励，并在机构内部宣传栏展示他们的经验和成果，激发其他团队向他们学习。

通过构建多层次多元化激励体系，机构能够全面覆盖员工在不同时期、不同情境下的激励需求，使员工在各个层面都能感受到机构的认可与支持，从而与机构形成紧密的利益共同体和命运共同体，为机构的持续稳定发展提供坚实有力的动力保障。在构建和实施该激励体系过程中，机构需要充分考虑自身的行业特点、发展阶段、文化背景以及员工队伍的构成等因素，确保激励体系的科学性、合理性和有效性，并根据机构内外部环境的变化及时进行调整和优化，以适应不断变化的市场竞争和机构发展需求。

第二节　公平公正且科学有效的绩效评估

一、绩效评估指标的科学设定

（一）定量指标与定性指标的平衡

在构建公平公正且科学有效的绩效评估体系时，科学设定绩效评估指标是首要任务，其中定量指标与定性指标的平衡尤为关键。定量指标具有客观性、准确性和易于衡量的特点，能够直观地反映员工的工作成果与效率。例如，对于销售人员，销售额、销售利润、新客户开发数量等定量指标可以清晰地展现其业务拓展能力与业绩贡献；生产线上的工人，产品合格率、生产数量、废品率等定量指标能有效衡量其工作质量与生产效率。

然而，仅依赖定量指标是远远不够的，定性指标同样不可或缺。定性指标侧重于评估员工工作中的非量化因素，如工作态度、团队协作能力、沟通能力、创新思维等，这些因素对于企业的长期发展和团队协作氛围的营造具有重要意义。以项目团队为例，成员之间的沟通协作顺畅程度、面对困难时的态度以及提出创新性解决方案等定性表现，虽难以用具体数字衡量，但对项目成功的贡献不容忽视。工作态度积极的员工，会主动承担更多责任，面对挑战时坚持不懈，这种精神能带动团队士气，提升整体工作效率。

要实现定量指标与定性指标的平衡，企业需要根据不同岗位的特点和职责精心设计。对于侧重业务成果输出的岗位，如销售、生产等，可将定量指标权重设为60%～70%，定性指标占30%～40%，确保员工在追求业绩时不忽视团队协作等方面。而对于研发、策划等强调创新与协作的岗位，定性指标权重可提至50%左右甚至更高，同时结合定量指标如研发项目的阶段性成果、策划方案的执行效果等，激励员工发挥主观能动性，营造良好合作环境。

(二) 短期指标与长期指标的结合

除平衡定量与定性指标外，绩效评估指标还应兼顾短期指标与长期指标，以契合企业短期经营目标与长期战略规划。

短期指标聚焦员工短期内（通常为月度、季度）可实现和衡量的成果与行为。在市场营销领域，短期指标涵盖当月广告投放效果（曝光量、点击量、转化率等）、短期促销活动销售额增长、特定区域市场份额阶段性变化等，能快速反映营销活动即时效果，助力企业及时调整策略。财务岗位的短期指标包括财务报表准确性与及时性、月度预算执行情况、资金周转率等，监控这些指标可及时发现财务问题。

仅关注短期指标易致员工短期行为，忽视企业长远发展，因此引入长期指标至关重要。长期指标着眼于员工对企业长期战略目标的贡献，以年度甚至多年度为评估周期。例如在技术研发方面，长期指标包括企业核心技术自主创新程度、新产品在市场的持续竞争力以及技术成果对企业业务增长的长期推动作用。一款创新产品从研发到长期占据市场份额、不断升级迭代，需研发人员长期投入，此过程无法单纯用短期指标衡量。

对于人力资源部门，长期指标涉及人才梯队建设成效、员工整体素质提升幅度以及企业文化传承与发展情况等。人才是企业核心竞争力，构建人才梯队、提升员工素质与营造企业文化是长期过程，其效果在企业未来发展中逐步显现。在企业战略层面，长期指标如市场占有率的长期稳定增长、品牌价值的持续提升、企业在行业内技术领先地位的巩固等，都是衡量企业可持续发展能力的关键。

为实现短期与长期指标有效结合，企业需依自身战略与岗位职责合理分配权重，并建立跟踪评估机制。基层操作性岗位短期指标权重可设70%～80%，因他们的工作更多影响当下业务开展，但仍需保留20%～30%权重用于长期指标，促使其关注企业长远利益。中高层管理与关键技术岗位，长期指标权重宜提至40%～50%甚至更高，引导其立足长远发展决策与工作，同时结合短期指标确保工作有序推进并取得阶段性成果[①]。

---

① 郭俊．企业人才留用机制与人力资源管理问题探讨[J]. 黑龙江人力资源和社会保障，2022(7):110−112.

二、绩效评估方法的多元运用

（一）目标管理法（MBO）的深度实践

目标管理法（MBO）通过上下级共同设定明确目标，并依目标达成情况评估绩效，充分调动员工主动性与积极性，使其工作与企业整体目标紧密相连。

目标设定阶段，企业先明确战略目标，再层层分解至各部门、团队与岗位。例如，企业战略目标是一年内营业收入增长 30%，产品市场占有率提升 10% 且推出两款新产品。销售部门目标可能是拓展新客户 500 家，提高老客户复购率至 60%，实现销售额增长 35%；研发部门要确保两款新产品按时按质完成研发并推向市场，提升现有产品技术性能；生产部门需保证产品合格率达 98% 以上，降低生产成本 10%。

每个岗位员工依部门目标细化个人目标，且遵循“SMART”原则，即具体（Specific）、可衡量（Measurable）、可达成（Attainable）、相关（Relevant）、有时限（Time-bound）。如销售部门的销售人员，个人目标可设为每月开发新客户 20 家，促成订单金额 50 万元，客户满意度 90% 以上等。目标实施过程中，上级赋予员工自主权，同时定期沟通，提供指导与资源支持。销售经理可每周与销售人员沟通，询问客户开发与订单跟进情况，针对难题分享经验或协调资源协助完成目标。

绩效评估时，以预设目标为标准评估员工实际工作成果。若员工达成所有目标，绩效表现优秀；若部分未达成，需分析原因，是目标设定不合理、外部环境变化还是自身努力不够等。如一名研发人员负责的新产品研发项目按时完成基本功能开发，但性能优化未达预期，经分析是研发遇技术难题且与外部测试机构沟通不畅，影响优化进度，此时不能简单认定其绩效不佳，而要综合考量客观因素与员工努力程度。

通过目标管理法深度实践，员工清楚工作目标与对企业整体目标的贡献，增强责任感与成就感。企业亦能有效引导员工工作行为，保障业务有序开展，实现战略目标。但该方法也有局限，如目标设定欠灵活，外部环境变化时原目标可能不合理，频繁调整又影响其严肃性与权威性。故企业运用时需结合其他绩效评估方法补其不足。

(二)360 度评估法的全面运用

360 度评估法通过收集员工上级、下级、平级同事及客户等多方面反馈信息，综合评价员工绩效、能力素质与工作态度，更全面客观地反映员工实际表现，避免单一评价主体的主观偏见与片面性。

实施时，先确定评估主体范围。上级评价侧重员工工作任务完成情况、对部门目标贡献、领导能力（针对有管理职责员工）等。部门经理评价下属员工时，会依其是否按时高质量完成项目任务、是否积极协助同事完成部门工作、带领团队效果等因素打分评价。下级评价反映员工管理能力、沟通能力与对下属支持指导情况。有管理职责员工的下属评价很重要，如项目经理，团队成员可评价其是否倾听员工意见、分配任务是否公平合理、能否提供培训发展机会及遇到问题能否及时帮助指导等。

平级同事评价关注员工团队协作、沟通协调与跨部门合作表现。日常工作中同事相互配合，对彼此工作风格、合作态度与专业能力有直接感受。在跨部门项目里，不同部门同事可评价某员工是否积极参与讨论、及时共享信息、配合工作进度及遇到分歧能否以团队和项目整体利益为重协商解决等。客户评价对直接与外部客户打交道岗位尤为重要，如销售人员、客服人员等。客户可评价销售人员对产品知识熟悉程度、理解需求与提供解决方案能力、销售态度等；客服人员响应咨询速度、解决问题有效性与服务满意度等。

收集完评价信息后，整理、分析并汇总。因不同评价主体立场角度不同，评价结果可能有差异甚至矛盾，需采用科学合理方法综合分析。可对不同主体评价结果赋予不同权重，一般上级评价权重 40%～50%，因上级对员工整体工作负有直接管理责任；下级评价占 20%～30%，平级同事评价占 20%～30%，客户评价占 10%～20%，具体权重依企业实际与岗位特点调整。通过加权平均等方式得出最终综合评价结果，作为绩效评估重要依据。

360 度评估法虽能全面客观评价，但也有挑战与问题，如评估过程复杂、耗费时间精力多；部分评价主体可能因人情关系或主观偏见给出不客观评价。为保评估有效，企业需加强对评估者培训，让其了解目的、标准与方法，避免不公正评价；同时建立完善保密机制，确保评价者放心提供真实反馈信息，无后顾之忧。

（三）关键事件法的精准聚焦

关键事件法通过记录员工工作中的关键行为和事件来评价绩效，聚焦对工作结果有重大影响的特定事件（无论积极或消极），深入了解员工工作能力、态度与贡献程度，针对性和客观性强。

运用时，先明确观察记录的关键事件范围。不同岗位关键事件表现各异。销售岗位上，成功拿下大额订单（尤其竞争激烈或客户要求苛刻时），凭借出色沟通、产品知识展示与精准把握客户需求促成交易，体现销售人员业务与应变能力；若因误解客户需求丢失重要客户，则反映其在客户沟通与需求分析方面的不足。

项目管理岗位，项目按时高质量交付，成功协调各方资源克服技术难题、人员变动等困难推进项目，彰显项目经理组织协调与问题解决能力；若项目进度严重延误，因资源安排不合理、风险预估不足所致，此关键事件暴露其管理缺陷。客服岗位，快速有效解决客户棘手投诉，将不满客户转化为忠实客户，体现客服人员良好服务态度与专业问题解决能力；若对客户投诉敷衍，致客户不满升级影响企业声誉，则反映其工作责任心与服务质量问题。

日常工作中，管理者或绩效评估人员及时准确记录关键事件，包括事件发生时间、地点、背景、员工具体行为表现及后果等详细信息。如记录研发人员攻克关键技术难题，要记难题内容（如算法优化使运行效率提升50%）、采取的研究方法与技术手段（查阅资料、多次实验、与专家交流等）、完成时间及成果对项目或产品开发的积极影响（产品提前上市，预计增市场份额若干）。

绩效评估周期结束，依关键事件评价员工。积极关键事件给予肯定奖励，作为绩效优秀证据，在薪酬调整、晋升、奖金发放等方面体现。如生产工人发现并纠正设备隐患，企业可给予奖金激励，晋升评选优先考虑，作为其责任心与专业技能证明。消极关键事件则与员工深入沟通，分析原因，制定改进措施，作为绩效不佳依据，必要时予以处罚，如扣绩效奖金、警告、调岗等，促其改正。如市场策划人员因方案失误致推广活动效果不佳，企业应与其复盘找失误点（目标受众定位不准、宣传渠道选择失误等），要求制订学习改进计划，同时依规定扣绩效奖金警示。

关键事件法精准聚焦关键行为成果，避免过度关注日常琐碎工作，使绩效评估更能反映员工核心价值与实际贡献。详细记录分析关键事件，也为员工培训发展提供针对性依据。但该方法因关键事件数量有限可能致评估结果不全，且对常规工作绩效难以有效衡量。故企业运用时可与其他绩效评估方法结合，相互补充，达到更全面精准的绩效评估效果。

三、绩效评估结果的有效应用

（一）薪酬调整与奖金分配依据

绩效评估结果在企业薪酬管理体系中极为关键，是薪酬调整与奖金分配的重要依据。合理公正运用此结果进行薪酬决策，能激励员工积极工作，提升绩效，也助于企业吸引留住人才，优化人力资源配置。

薪酬调整方面，企业依员工绩效评估等级制定政策。如将绩效分为优秀、良好、合格、不合格四级。优秀员工（如绩效评估 90 分以上）可获较大幅度薪酬提升，如 10% ~ 15% 工资涨幅，因其在工作质量、数量、效率与创新能力等方面表现卓越，为企业创造显著价值，大幅涨薪是对其认可与回报。良好员工（80 ~ 89 分）给予适度薪酬增长，如 5% ~ 8% 涨幅，他们能较好完成任务，虽未达卓越但对企业稳定运营有贡献，适度涨薪鼓励其提升绩效。合格员工（60 ~ 79 分）薪酬保持相对稳定，可微调 2% ~ 3% 或不调整，体现对其基本工作肯定，也提醒需努力提升。不合格员工（低于 60 分）可能面临薪酬冻结甚至降薪，警示其改进工作，否则有被淘汰风险。

奖金分配上，绩效评估结果更是核心决定因素。企业设绩效奖金制度，依评估得分或等级计算奖金数额。如年度绩效评估，设绩效奖金基数为员工月工资，90 分以上优秀员工可获全额绩效奖金甚至额外奖励；80 ~ 89 分良好员工获 80% ~ 90% 绩效奖金；60 ~ 79 分合格员工得 50% ~ 70%；低于 60 分不合格员工可能无绩效奖金或仅少量象征性奖金。

特殊奖金项目如项目奖金、销售提成等，绩效评估结果同样是关键分配依据。项目团队中，依成员贡献程度评估绩效，贡献大、绩效高者获更多项目奖金份额。如软件开发项目，负责核心模块且出色完成任务、解决技术难题的程序员，比辅助岗位成员在奖金分配中比例更高。销售人员的销售提成与业绩直接挂钩，而销售业绩是销售岗位绩效评估关键指标之一，销售额高、新客户开发多、客户满意度高的销售人员提成更丰厚，激励其拓展市场，为企业创利。

将绩效评估结果与薪酬调整和奖金分配紧密结合，企业能构建公平透明且具激励性的薪酬体系，使员工收入与绩效相连，激发工作积极性与创造力，推动企业整体绩效提升。但运用时需保绩效评估体系科学公正，避免因评估偏差或不公致薪酬分配不合理，引发员工不满与流失。

(二) 员工晋升与职业发展引导

绩效评估结果不仅用于薪酬管理，更是员工晋升与职业发展规划的关键指引。准确有效利用此结果，能为企业选拔优秀人才，将其置于合适岗位，充分发挥潜力，也为员工指明职业发展方向，促员工与企业共同成长。

员工晋升决策中，绩效评估结果是首要考量因素之一。企业构建起清晰明确的晋升标准体系，其中绩效表现占据举足轻重的地位。如管理岗位晋升，要求候选人过往绩效评估多年优秀，在团队管理、业务拓展、项目完成等方面成绩出色。部门主管晋升经理，需在部门业务管理（业绩增长、团队绩效提升、流程优化等）及跨部门协作、战略规划等更高层次工作有突出表现，这些可从绩效评估记录体现。

专业技术岗位晋升，绩效评估侧重专业技能提升、技术创新成果与攻克企业技术难题等。如工程师晋升高级工程师，需在技术研发中展现卓越专业能力，如成功完成复杂项目技术设计开发、提出创新解决方案并应用于生产、获技术相关奖项荣誉等，这些绩效表现是晋升的有力支撑。

除作晋升直接依据，绩效评估结果还为员工提供职业发展反馈建议，引导其规划职业。若员工在绩效评估过程中察觉到自身在沟通协作方面有所欠缺，而其所在岗位又对团队合作能力有着较高要求，那么便可以将提升该项能力设定为当下的职业发展关键目标，并借助培训课程、参与团队建设活动等多种方式予以改进。企业也可依员工绩效评估情况，提供个性化职业发展路径建议。如销售岗位业绩突出且对管理有兴趣潜力的员工，企业可在绩效评估反馈中建议其参加管理培训，先在团队任临时或项目负责人，积累经验，逐步向管理岗位转型。

多次对比分析绩效评估结果，能助企业发现员工职业发展趋势与潜力。绩效持续提升、适应与学习能力强的员工，可作重点培养对象，获更多晋升机会、特殊培训项目或参与重要战略项目机会，加速职业成长。绩效长期无明显提升或下滑的员工，企业需与其深入沟通，了解原因，可能是职业发展遇瓶颈，需要企业支持指导，也可能是与岗位不匹配，需考虑岗位调整或提供其他职业选择。

总之，绩效评估结果在员工晋升与职业发展引导方面的作用不可替代。企业应建完善绩效评估与职业发展管理体系，将结果深度融入晋升流程与职业规划，使员工明确职业方向，通过提升绩效实现目标，也确保企业选对人才，推动持续稳定发展。

(三) 绩效改进与培训需求确定

绩效评估结果是企业识别员工绩效差距、确定培训需求与制订绩效改进计划的重要基础。深入分析评估数据，能精准发现员工工作问题与不足，针对性提供培训发展机会，助其提升能力，改进绩效，优化企业整体绩效。

当绩效评估显示员工存在绩效差距，企业先详细分析差距原因。如员工工作效率低，可能因工作方法不当、时间管理差，或缺乏专业知识技能培训。通过与员工沟通、观察工作过程及参考相关数据 (任务完成记录、工作时间分布等)，可准确找出问题。

确定原因后，依此确定员工培训需求。若专业知识不足，如财务人员对新税收政策不熟致税务处理错误，可安排专项培训课程，邀税务专家讲解，提供学习资料与案例分析，助其加深理解掌握。若工作技能欠缺，如员工办公软件操作不熟练影响效率，可组织内部培训或提供在线学习资源，让其系统学习高级功能与操作技巧。

若员工软技能不足，如沟通、团队协作能力等，企业可开展培训工作坊或聘外部培训师培训。如通过角色扮演、情景模拟提升沟通技巧与团队协作能力。团队协作培训中，设团队项目任务，让员工在实践中学会合作、处理冲突、发挥优势为团队做出贡献。

除培训，企业还依绩效评估结果制订绩效改进计划，明确员工未来改进目标、措施与时间表。如销售业绩未达标的员工，计划可设三个月内将销售额提升20%为目标。要求每周增加客户拜访次数，参加销售技巧培训并应用，每月与销售经理分析策略调整会议等。同时，建立跟踪监督机制，定期对员工的绩效改进情况进行评估和反馈，根据实际情况及时调整计划内容。例如，若发现员工在参加销售技巧培训后，虽客户拜访次数增加，但成单率仍未显著提升，企业可进一步分析原因，可能是员工在客户需求把握或产品优势呈现方面仍存在不足，从而针对性地为员工提供额外的辅导或学习资源，如安排资深销售人员进行一对一的陪访指导，分享成功案例及经验技巧，或者提供更具深度的产品知识培训课程，强化员工对产品特性、应用场景及与竞争对手产品差异的理解，以便其在销售过程中能更精准地满足客户需求，突出产品优势，提高成单的概率。

在绩效改进计划实施过程中，企业要注重对员工的激励与支持。除了物质奖励外，如对绩效提升明显的员工给予额外奖金或绩效工资加成，还要给予精神激励，如公开表扬、颁发荣誉证书等，增强员工的自信心和成就感，激发他们持续改进绩效的动力。同时，为员工提供必要的资源保障，如时间资源，合理调整工作安排，让员工有足够精力投入绩效改进活动中；信息资源，提供行业动态、市场趋势、客户反馈等信息，帮助员工更好地了解外部环境，优化工作策略；技术资源，确保员工在提升工作技能（如使用新的软件工具、设备操作等）时能得到相应的技术支持与培训，消除绩效改进过程中的障碍。

通过将绩效评估结果有效地应用于绩效改进与培训需求确定，企业能够帮助员工不断提升自身能力，弥补绩效差距，提高工作绩效，形成一个持续改进的良性循环。这不仅有利于员工个人的职业发展，使其在企业中获得更多的成长机会和成就感，也有助于企业打造一支高素质、高绩效的员工队伍，提升企业在市场中的竞争力，实现企业与员工的双赢局面，为组织的长期稳定发展奠定坚实的基础。

第七章　人力资源管理数字化转型

第一节　人力资源管理数字化转型的概念与理论基础

一、企业数字化转型

数字化是将传统的语言、图形、图像等模拟信息转化为0和1两种逻辑符号（二进制数序列），经计算机数字化转型处理和信息系统传送。

数字化不是对企业信息化的推倒重建，而是对企业信息化系统的整合优化，以便提升管理和运营效率，并通过新技术手段的应用，使企业应对数字化转型带来的要求。企业希望通过数字化转型实现对内强己、赋能员工、对外共赢的目标。对内强己要求企业做到补齐自身短板，打造强大自身。赋能员工是指通过提升和拓展员工能力，员工能够更好地支持业务。对外共赢是指与客户围绕互利机会合作，进入新市场或创造新价值，共同拓展市场，实现互利共赢。

企业进行数字化转型，需要先弄清楚以下几个问题。

第一，首先数字化转型是一把手工程，其次做数字化转型要明确转型目标。预先分析和考虑好该做哪些事，解决什么问题，产生什么效果。要从思想上、认知上真正理解数字化转型的意义和方法，提高企业全体人员的认知，特别是中高级管理人员的认知，转变思想，以客户需求为中心，以数据为资产，以技术为手段，以人才为依托，构建能快速满足客户需求的支持业务创新的技术平台体系，支撑客户服务和业务创新。

第二，数字化转型的基础是数据，数字化就通过各种技术手段收集行业趋势数据、市场变化数据、客户使用产品或服务的体验数据、企业日常运营和创新所需的数据等，形成行业趋势及市场变化全景图、产品全景图、客户全景图、企业日常运营的全景图等，从而提升企业运营效率，创造新的业务模式。企业通过数字化手段挖掘数据的价值，对业务进行指导，发现企业运营中可以改善和预防的点，甚至开发新的业务模式。

第三，数字化转型需要关注业务优先级，应该抓住核心，集中人财物资源先转型那些有“瓶颈”、有痛点、有难点的环节和链条，抓住关键、重要的问题先进行解决。比如企业的运营模式、组织架构、工作资源、客户服务、用户体验、创新能力、产品研发、技术能力、服务交付等，通过充分调研，把痛点、“瓶颈”、诉求、问题梳理出来，确定转型的范围和方向，才能有效推动转型工作，有针对地解决业务问题，提升企业的生产能力和管理运营水平。

第四，企业作为一个整体，其业务运行是有机关联的，工作环节之间有交叉的业务流程是需要重点关注的对象。梳理业务流程现状的优缺点，打破传统思维局限，运用主动改革思路，一切以更好地运行和支撑业务作为梳理优化方向，找到问题根源进行改善提高。划分清楚业务流程之间的权责界限，剔除一切不合理的工作节点，实现流程的规范化，做到以客户为中心，高效为业务赋能。

第五，数字化转型过程中会面临各种困难和挑战，对数字化转型项目要多些包容，不要怕出错，允许试错，试错以后快速迭代，在探索中前进。配套建立透明的激励政策，从绩效考核和薪酬奖励上真正向数字化人才倾斜，赋予数字化项目推动者更多动能和支持。

二、人力资源数字化转型

人力资源数字化转型是把员工活动、企业运营过程进行数据化、流程化、标准化的一个过程，从而构建全新的数字化生态体系。这个生态系统的重要特征是改变人力资源管理的每一个场景，极大提升效率。无论是人力资源（Human Resources，简称“HR”）视角还是员工视角，数字化技术全面融入人力资源管理的各个细分功能，最大限度上解放 HR 双手，提高员工工作效率。

人力资源数字化转型通常是实现以下三个领域。

（1）数字化人力资源管理。数字化人力资源管理致力于将人力资源部门自身转型为数字化运营平台，并持续创新。该平台可提供智能、方便和快捷的管理工具，让 HR 从繁杂的重复性劳动中解放出来，全身心投入员工服务和人事管理。平台将人力资源活动分发给用户，并嵌入业务中，这使得人力资源人员与员工之间比例的降低，人力资源变得分散化。

（2）数字化工作场所。数字化工作场所的目标是通过社交媒体、通信工具等技术，建立高效和良好员工体验的工作环境。

（3）数字化劳动力。数字化劳动力的核心是协助管理层和员工建立数字思维和实践能力，通过数字化工具来分析、管理和领导劳动力，创造良好的员工体验，从而吸引、培养和管理人才。

国际商业机器公司（International Business Machines Corporation，IBM）咨询业务部通常用IBM动态运营模型方法论帮助企业设计面向数字时代的人力资源管理模式。IBM动态运营模型从以下六个维度指导转型。

（1）组织和管控：组织和管控的设计关注如何通过部分动态组织打通传统组织的协同和合作的壁垒。

（2）流程和绩效：将员工体验融入流程优化过程，通过设计思维、人工智能和自动化工具提升员工体验、提高人力资源管理效率。

（3）技术和工具：运用微服务架构、敏捷开发方法提供可扩展的技术平台；人工智能和自动化工具提升员工体验、提高人力资源管理效率。

（4）数据与洞察：利用商务智能（Business Intelligence，BI）数据分析工具和一体化门户集成，打造高管桌面，支撑决策；集成共享服务运营分析数据，提高共享服务中心的运营管理效率。

（5）人员赋能：打造支持数字时代的人力资源管理培训体系，确保向战略人力资源管理的成功转型。

（6）服务和伙伴管理：创建支持数字时代的人力资源管理的战略伙伴关系和生态系统。

三、相关理论

（一）战略人力资源管理理论

1. 战略人力资源管理理论研究的发展

战略人力资源管理理论，形成于20世纪80年代。德瓦纳（Devanna）、丰布兰（Fombrun）和蒂希（Tichy）在《人力资源管理：一个战略观点》中阐述和深入分析了公司战略与人力资源之间的关联，标志着公司战略与人才资源管理的形成。贝尔（Beer）等人所发表的《管理人力资本》标志着传统人力资源管理方法向战略人力资源管理方法的新跨越。简单地说，战略人力资源管理就是研究怎样系统地使人和公司之间开展更深层次的紧密联系。它将人力资源作为一种获得公司竞争优势的主要资源，强调利用人力资源规划、政策和措施，以获得能够与公司战略垂直配套和与公司内部经济活动水平相匹配、产生公司竞争优势的人才资源配置。与以往传统的人力资源管理相比，战略人力资源管理认为人力资源是决定企业发展胜负的关键，其核心职责是主导公司的重大战略决策，按照公司内外部环境要求提出和促进企业变革，并进行公司总体的人力资源规划和实施活动，与公司发展战略之间是一个动态的、多方位的、长期的紧密联系，其职责直接纳入公司战略形成与实施的整个流程之中。

2. 战略人力资源管理的定义

战略人力资源管理将人力视为重要资源，认定所有资源中最核心的资源就是人力资源，企业的发展壮大与员工职业能力的成长相辅相成。虽然企业鼓励员工持续提高个人职业能力以提升企业竞争力，但首先企业应当将人力提升到资本的高度。一方面依靠投入大量的人力资本成就企业的核心竞争力，另一方面人力也成为重要投资要素并参与公司价值的分配。战略性人力资源管理理论主张充分发挥人力资源才能给企业带来利益，因此企业必须给员工提供一种促进价值观达成的公平竞争环境，为员工提供必要的资源，在赋予员工责任的同时予以适度的权限，确保企业人员在足够的权限内开展管理工作，并构建适度的员工激励体系，充分调动人员的岗位主观积极性。对员工创新能力、行动特征和业绩做出公正评估，并在此基础上予以适度的物质鼓励和精神鼓舞，从而激励员工在体现自身价值观的基础上为企业创造价值。

3. 战略人力资源管理的特点

战略人力资源（Strategic Human Resources，SHR）是指在企业人力资源体系中的部分特殊人员。这部分人员拥有某些独特的专业知识和技能，且位于公司运营管理的重点领域或重要职位。战略人力资源管理具备以下四大特点。第一，人力资源的战略地位。人才是公司获取长期竞争优势的重要源头，因此相对于一般人才来说，被公司称为战略地位的人才往往有着某种程度的专用性与不可替代性。第二，人力资源管理的系统性。公司为获取长期可持续的竞争优势，而组织部署的人力资源管理政策措施、实践和方案等，形成的人力资源战略系统。第三，战略人力资源管理的符合性。“纵贯吻合”即人力资源管理需要与企业战略契合，“横向吻合”即整体人力资源管理系统各部门或基本要素间的相互契合。第四，战略人力资源管理的目标导向性。战略人力资源管理利用组织建构，把战略人力资源管理的总体目标置入企业的运营系统，以促进企业组织业绩最优化。

（二）价值链理论

价值链（Value Chain）理论最先由迈克尔·波特（Porter）创立。最初波特所指的价值链主要是面对垂直整合公司，突出企业的整体竞争优势。由于国际外包服务的发展，波特又更进一步明确提出了价值系统（Value System）的观念，将研究视角延伸到各种类型的企业内部，这与后来形成的全球价值链（Global Value Chain）的观念有着相当的共同之处。

“价值链分析法”将公司内部经济价值增长的活动方式细分为基础活动和支撑性活动。基础活动包含了企业内部的制造、销售、进料后勤、发货后勤、服务等，而支撑性活动则包含企业内部人员、财务、计划、科研与产品开发、生产管理等。基础活动与支撑性活动共同形成了整体的企业价值链系统。在经济价值产生的过程中，并不是每个主要环节都产生了经济价值，真正产生价值的环节就是企业价值链管理上的“企业战略管理环节”。企业所要具备的核心竞争力，就是价值链管理过程中凸显的战略管理环节上的资源优势。

价值链的增值活动，由基本增长活动和辅助性增长活动两个部分组成。公司的基本增值活动，通常指“制造经营环节”，如原物料供给、成品材料研发、制造运行、成品储运、营销与服务等，上述各种活动均与公司商品的生产加工及周转运行有关。而公司的辅助性增值活动，则包含了团队构建、人事管理、技术创新和生产经营管理等。

价值链系统的各个环节相互关联，互相影响。某个环节运营管理水平的优劣可能影响到其他环节的生产成本与经济效益。如何利用价值链分析法判断关键竞争力，需要企业管理者重点关注组织内资源的现状及发展变化，特别重视和培养价值链的关键环节，获取企业核心竞争力，以建立和加强公司在行业的竞争优势。

(三) 流程再造理论

流程再造理论（Process Re-engineering）是由美国迈克尔·哈默和詹姆斯·钱皮（Michael Hammer and James Champy）所提倡的思想，并在20世纪90年代到达鼎盛。这一管理思想不仅在各行各业广泛运用，也可以在企业各部门之间运用，成为现代企业管理的关键理论。

流程再造是一种内部自发的企业活动，引领企业变革，全面分析、设计企业程序，追求绩效提升，使企业获得显著成长。公司流程再造的要点就是选择几个对公司经营至关重要的程序进行重新规划，改善经营效益，在成本、质量、对外业务和时效等方面取得重要改善。业务流程重塑的对象主要是面向客户满意度的流程，核心思路是要突破传统公司按职责设置部门的管理方法，取而代之的是以整体流程为中心，重新设定公司管理的工作流程。从总体上再次确定公司的作业流程，做到全局最优而不是个别最优的流程设计。

企业的管理模式必须是流程驱动的管理模式。进行业务流程管理的公司能够在日常管理中及时对业务流程做出改变、调整，因此这些公司的业务流程适应性较高，业务流程的设计与操作也相对科学，但这并不代表它们就不需要对业务流程实施再造。一旦企业或市场需求出现重大变化，公司的运营管理模式也需要进行实质性改变，业务流程也需要再造。流程再造的目的就是使企业的资源以流程为中心实现再次整合，最终达到提高企业运营效率和经营业绩的目的。

尽管迈克尔·哈默并不能系统地概括总结流程再造的方式和过程，但有些研究学者在经过对他作品的研究后总结出了一个四阶段模型：第一阶段，确立再造队伍；第二阶段，寻找再造时机；第三阶段，再次设计工作流程；第四阶段，实施再造，向员工阐明再造缘由及带来的好处，然后开展再造。

第二节　企业人力资源管理数字化转型的策略

一、搭建岗位胜任分析平台，实现人岗匹配管理数字化

由于企业正在经历由传统制造向智能制造的战略转型期，现阶段的业务、人员均面临着转型发展的需求。在战略及业务调整背景下，为适应企业发展，需对“人才”进行重新定义，并运用数字化手段搭建岗位胜任分析平台，提高企业“人才识别”的能力，提高员工的岗位胜任力和人岗匹配管理效率。

（一）岗位任职标准数字化

目前企业岗位胜任标准是由 HR 根据同行业类似岗位普遍认可的任职标准而确立的，包括岗位任职条件，应具备的素质和工作内容等要求，具体来说就是对岗位所需的学历、技能资格证书、工作职责及承担责任的综合描述。但企业正处于战略转型期，岗位胜任标准不能简单地参照行业的普遍认知，需要制定适合企业业务发展需求的任职标准。首先基于公司发展战略、文化，结合行业发展状况等信息，通过领导访谈、员工调研、任务分析以及能力比较四种方法，循证识别岗位的核心素质项目。核心素质项目包括第一基本信息项，如学历、工作经验、现任职位等；第二能力指标项，如必备知识、专业技能和绩效标准等；第三参考项，如道德品质、行为规范等信息，建立适合企业发展的岗位任职标准。

（二）关键岗位评估标准数字化

企业是一家集研发、制造、销售于一体的大型汽车公司，涉及的岗位类别复杂多样，包括技术研发、生产制造、质量管理、试验验证、体系认证、供应链管理、物流管理、销售体系、售后服务体系、财务管理、综合管理、人事管理等等。对人力资源管理者来说，很难全面了解并分析不同类别岗位的价值，不能对企业关键岗位的选定进行有效判断。因此，人力资源部需要

建立一套有效的评估标准，判定企业内部的关键岗位，避免以领导层级和岗位职级高低来判断企业的关键岗位。关键岗位承担了企业发展的重要责任，掌握企业重要资源；在一定时间内，关键岗位难以由内部员工或外部人员代替；同时此类岗位应当同企业发展战略相辅相成。

基于岗位价值，可以从四个视角进行分析，然后输出关键岗位图谱。首先是大数据供需视角，根据外部人才市场供应及内部人才分布情况，系统性评估哪些是企业内重要且稀缺的岗位。其次是风险视角，根据人才分布（同类别的人才数量）及员工忠诚度等数据指标，科学评估哪些是企业内风险高的岗位。再次是战略视角，根据企业战略解码，评估哪些是对企业战略有贡献的重要岗位。最后是业务视角，根据业务与价值链分析，量化评估哪些是企业中的核心岗位。四大视角循证，最终建立一套关键岗位的系统评估标准，实现关键岗位识别的标准化、数字化。

（三）人才评估数据数字化

目前企业对人才的评估标准非常局限，通常从经历和能力两个方面进行评估，缺乏对员工未来发展趋势潜力和动力的评估。需要完善人才评估标准，运用“经能潜动”四维岗位胜任力模型对人才进行综合评估。四大维度简称“经、能、动、潜”，即经历、能力、动力及潜力。具体来说，从被评估者过往的工作经历、工作经验，所取得的学历证书、技能证书、荣誉证书、所展现出来的工作绩效，以及未来持续创造工作绩效的驱动力，潜在的、未发掘的其他能力等，多维度、综合性地对人才进行评估。应用大数据信息，对个人的过去、现在和将来进行全面的、标准化的、可视化的评估。

同时企业可建立自己的能力词条字典库，包括系统思考、战略执行、有效沟通、团队合作、项目管理、专业提升、问题分析等各类词条信息。然后运用“经能潜动”四维度模型及自定义的能力词条字典库对人才进行系统评估，输出人才在各个维度的得分。最后根据岗位能力侧重点的差异加权各维度得分，测算并判定人员的综合能力指标，实现人才评估数据的标准化、数字化。

（四）输出岗位人才画像

企业通常注重于胜任岗位员工所表现出来的显性特点，缺乏对员工隐性潜质的挖掘、评估，因此缺乏对员工全貌的了解。在当前数字化背景下，企业的人才画像应当由企业显性的岗位职责定义与内在的隐性潜质构成，并涵盖关键岗位中冰山上层的知识技术、创新能力，到冰山下层的个性特征、驱动力、工作动机等各种综合因素。画像一般分为能力画像（认知能力＋能力倾向）、关键技能（主要知识和技能）、个性画像（职业个性和核心个性特质）、驱动力画像（激励因素）。企业还可以利用“经能潜动”的四维岗位胜任力模型，拓展企业人力资源维度，描绘职位胜任者的动态人才画像，但同时人才画像经过不断迭代，始终无法达到完全精确，所以必须经过逐年积累数据持续优化，这样才能够保证岗位胜任标准与人才画像的一致性。企业的人才画像要立足于大数据挖掘，专注于高绩效，把为获得岗位高绩效需要的各项技能要求做数据化呈现。

（五）自动关联胜任岗位

将企业的人才画像与待评估的人才数据进行自动匹配，对照在岗人员或应聘候选人是否贴合企业的人才画像。如果贴合度较高，说明在岗人员或应聘候选人的岗位胜任力较好。若贴合度较低，说明需要调整岗位或加强岗位所需的能力培养。

整体来说，企业要通过多视角（领导访谈、员工调研、任务分析、能力比较识别核心素质项）循证岗位任职标准，四维度（经历、能力、动力和潜力）优化人才评估标准，同时基于数据分析，聚焦于高绩效，全面描绘岗位胜任者的人才画像。最后运用岗位胜任分析数字化平台，将待评估的人才数据与企业的人才画像自动匹配，实现大数据人岗匹配度分析，为人力资源部门进行人才选用或对在岗人员进行岗位胜任评估时提供决策依据。

二、搭建人才发展规划平台，实现职业发展管理数字化

(一) 人才风险评估标准化

在人力资源管理中，最大的风险就是关键员工流失的风险。根据可能发生的风险，以影响(后果严重不严重)和概率(可能不可能发生)两个维度建立矩阵，区分关键风险，加以重视，设计应对措施。可以借鉴风险管理矩阵的思维模式，通过流失概率、流失后带给企业的影响等因素综合计算人才管理的风险。

流失概率可以通过员工对企业的满意度获知，例如，从待遇的竞争性、关系的和谐性、发展的可能性及环境的客观性等综合因素判定。流失后对企业的影响情况可以从四个方面，财务指标的影响、流程绩效的影响、士气氛围的影响及品牌感知的影响来判断，以上指标的影响力越大，说明该人员的重要性越强。因此，基于以上数据可以建立企业的人才风险矩阵，从而更好地定位关键人才流失风险。通过人才风险矩阵预警，人力资源部门能够及时采取干预措施，做好预防措施降低风险，做好人才的留用及继任规划，从而让企业的绩效发展更稳定、更持久，塑造更健康的企业人才队伍。

(二) 岗位价值评估标准化

岗位价值评估就是对岗位的工作任务量、难易程度、承担的责任大小、所需的岗位技能等多方面进行的系统化比较和评估。因此，判断岗位对企业目标实现的贡献情况就是通过量化岗位在企业中的相对价值。岗位价值的评估需要遵循五大原则，对岗不对人、评估因素的一致性、评估因素的完备性、评委独立评判、纠偏原则，以保证评估结果的客观性。通过岗位价值分析，可以为薪酬管理提供依据，促进企业人力资源管理水平的提升，加深管理者对岗位职能价值的认识。通过建立岗位价值分析矩阵，人力资源部可以系统性地评估哪些是值得制定继任计划的关键岗位。

(三) 输出企业人才梯队图谱

目前，企业还没有建立风险岗位和岗位价值评估系统，也没有建立人

才预警机制，未雨绸缪提前挖掘、培养继任岗位人才。通常在岗位空缺后，通过外部急招或内部择优评选的方式选定继任人，人员的胜任力情况有待提高，这是一种不健康的人才发展机制。因此，企业急需建立一支人才梯队，进行人才储备。

对于人才梯队的建立，人力资源部必须做好如下充分准备：第一，对公司未来几年内人才的需求有清晰认识；第二，有明确的培训路线；第三，发掘人才的潜力，并制订明确的流程、计划和机制来保证人才梯队的建设。从公司发展的角度，人才梯队建设可以保障公司需求的人才不断层，源源不断地为公司输送需要的人才，提高人才培养的针对性和效率，激励人才、减少人才流失；从个人发展的角度来看，可以明确个人职业发展规划，并获得个人能力提升的机会。

人才梯队建设主要针对岗位风险度高、岗位价值高的岗位，建立储备人才库。

首先，将人才盘点结果与岗位风险高、岗位价值高的岗位胜任标准进行数字化匹配，核算人才的“岗位准备度”。其次，对当前所有岗位候选人的“岗位准备度”数据进行对比和分析，形成岗位继任规划和人才梯队建设，分别设立继任人才第一梯队、第二梯队和第三梯队人员。

其次，通过人才梯队建设，生成企业关键岗位继任地图。对于非关键岗位的全员盘点，企业可以对人才盘点结果贴标签，对企业人员形成统一的人才标签管理，比如可以设置为高级人才、中级人才、种子选手、潜才、待发展等各类区别性标签，最后，基于人才标签筛选各岗位所需的候选对象。

（四）针对性制订个人发展规划

企业可以根据岗位继任计划，结合个人职业发展目标，为人才梯队或人才地图数据库的人才制订培养计划，制定培养制度，并对人才梯队的人员进行针对性培养，达成人才梯队建设的目标。

通过岗位胜任平台分析人才梯队资源库中人员对继任岗位的准备度，针对每一位继任候选人量身定制发展目标、发展周期生成准确度阶段，生成继任人才发展规划表。根据选定人员与目标岗位之间的差距，自动识别待发展能力项，形成发展需求。通过一段时间的培养，当继任目标岗位空缺或提出更多的人才需求时，人力资源部可以通过岗位胜任平台对人才梯队的人员进行胜任力评估，选拔目标岗位继任者，成功者任职继任岗位。周而复始，企业依据人才储备的需求变化，再次不断甄选人才“入库”，为企业培养合格的继任人选，并制订发展规划。

（五）自动匹配个性化学习资源

当前企业打造了员工学习资源门户“云课堂”，但没有提供针对性的学习计划。为落地人才发展规划，帮助人才达成当前或继任岗位胜任标准，人力资源管理者可以通过人才发展规划平台，结合人才盘点和人才继任规划，为个人匹配学习资源，形成学习地图。将发展规划系统与已有的“云课堂”连接、整合，根据员工个人能力、技能的评估结果及个人发展规划，系统自动地、针对性地匹配个性化学习资源。学员可以非常直接地在“云课堂”系统个人发展计划中了解自己个性化的学习计划。人力资源部也需要根据企业业务需求和人才发展培训需求的变化，不断丰富学习课程同步“云课堂”，满足员工获得个性化、高效、及时的知识技能提升。

第八章　人力资源管理问题与对策

第一节　企业绩效管理存在的问题及对策研究

一、国有企业绩效管理现状分析

（一）国有企业绩效管理现状

1. 企业充分认识到了绩效管理的重要性

目前，我国的国有企业已经充分认识到绩效管理的重要性，在积极实施和推进科学管理理论的应用，试图通过好的绩效管理方法来调动内部员工积极性，吸引留住优秀员工实现企业战略目标。但也应意识到绩效管理不是放之四海而皆准的管理方法，不能解决企业面临的所有问题。绩效管理要想发挥作用，就需要与企业的其他管理机制相配合，例如，要与企业文化、战略管理进程、产品创新等相匹配。这些都要求根据企业的经营特色、企业文化来设计绩效管理体系，同时建立多元化的绩效考核标准使企业绩效管理落到实处。

2. 态度考核成为绩效管理有效补充方式

绩效管理的一个重要目的就是激励员工，提高员工工作积极性，而员工的工作积极性与职业群体的价值观念有很大关系。“80后”“90后”现在已经成为职场的主力军，尤其是新入职场的“90后”，他们的需求与之前的几代人有着较大的差异。“90后”需要更多关怀尊重和认可，因此企业的激励政策也应随之调整。根据众达朴信的调研，大部分企业都已开始关注“90后”员工的职场角色的转化和职业人行为习惯的养成。[①] 由此可见，加强对员工工作态度的考核是一种有效的绩效管理办法。但是目前我国大部分企业

① 谌新民，彭穗香．高科技企业的人力资源管理创新 [J]：科学管理研究，2013(1)：102-104.

对这一点的关注不够，已经尝试态度考核的企业因操作上的难度，也未能完善这一考核形式。同时国有企业绩效考核系统不完善造成很多经营数据没有得到充分的收集和运用，量化的绩效考核指标的建立遇到很大阻碍，态度考核的出现弥补了这一缺失。

3.KPI 考核仍然是绩效管理主流方式

国有企业是特殊经济体制的产物，普遍存在管理效率低下的现象，传统的管理模式带来的“大锅饭”、平均主义等人浮于事的现象使得科学的管理体系很难建立起来，而科学的绩效管理的实施又需要一定的管理基础，需要一定水平的管理机制与之匹配，因此在绩效管理工具上，国有企业的选择空间不大。目前 KPI 依然是国有企业绩效考核的主要工具。企业在应用过程中一般将部门和个人重点工作计划、公司分配季度 / 月度指标、部门职责与岗位说明书排在前三位，认为这是关键的评价考核指标。虽然其他绩效管理工具例如平衡计分卡、360 度考核等在欧美国家已经非常流行，并积累了大量实践经验，成功的案例很多，但在中国企业实施过程中成功的案例较少，这是我国国有企业的特殊性质造成的。国有企业的管理主要还是国家委派的高层管理者负责，很难形成像西方一样的管理体制，因此在绩效考核上就采取了 KPI 这一评价手段。

4.360 度考核应用仍处于实践阶段

360 度考核法在我国的企业应用实践中虽然被广泛采用，但根据有关部门的调查，360 度考核法的效果一般，认为效果良好的企业并不占大多数。由此可见，虽然 360 度考核效果不是很明显，但企业在管理实践中还是非常倾向于尝试这种绩效管理模式。这是因为 360 度绩效考核更加全面地对员工的表现进行考察，并通过考核效果反馈了被评价对象的优点和缺点，达到提高被评价对象个人能力的目的。但人力资源管理者对于 360 度考核并不十分青睐，主要是因为 360 度考核在考核过程中流程烦琐，考核结果的处理和考核表格的设计都需要高超的技巧。而且 360 度考核无法保证客观公正，往往会使员工变得敏感。因此 360 度考核虽然得到越来越多的管理者青睐，但是离广泛应用仍需要一段时间。

5. 绩效管理应用结果越来越广泛

传统的绩效管理主要是与薪酬管理和员工激励联系在一起的。而现在国有企业绩效管理应用已经大大拓宽了范围。绩效在实践中越来越多的是通过奖励的形式，作为浮动薪酬从而发挥激励作用。当前越来越多的国有企业开始注重通过绩效管理实现人力资源各个模块与绩效考核结果的对接，例如岗位管理、培训管理、福利管理、团队建设等。这样不仅使绩效管理深入企业管理核心，形成积极向上的管理文化，从而使绩效管理发挥更大的作用，也能够让员工和管理者对绩效管理的指标的形成、完成和修正更加重视并参与其中，形成有效的管理活动。

（二）国企绩效管理面临的问题

1. 缺少对绩效管理的全面认识

国有企业虽然引进了绩效管理理论，但目标不是很明确，在绩效管理实施过程中难免会有执行的偏差。例如，对企业制度认识不到位，对绩效管理应该达到的目的不清晰，管理活动无法有的放矢。例如，有些国有企业在绩效管理实施过程中将其简单理解为评估表格，每到评估时点填报即可，忽略了绩效评估只是绩效管理的一部分。绩效管理是一个循环，包括绩效计划、绩效分析、绩效评估和绩效沟通，在这个过程中不仅强调绩效考核，更加强调绩效反馈和改善，从而达到激励员工、改进企业业绩、实现企业战略目标的目的。

2. 国有企业内部对绩效管理的认可度不高，人力资源地位尴尬

绩效管理不是人力资源部门一个部门的任务，只是人力资源部门执行的一项管理活动。由于绩效管理实施过程中较为复杂，操作烦琐，强调个人和部门责任的承担和成果，这与国有企业“大锅饭”、平均主义的认知相矛盾，因此在国有企业内部，对绩效管理的认可度并不高。企业高层对绩效管理认可度不高，也从一个侧面反映出其对人力资源工作的理解偏差，导致人力资源工作者的重要性得不到认可，从而使得企业人力资源工作难以得到大力发展，难以吸引更多人才和不断提高人力资源管理部门员工的素质和能力。这就决定了很多国有企业的人力资源管理部门很少采用绩效管理方法，在实践中还停留在事务性工作当中，无法进一步展开工作，只是“高级办事员”。无论是工作的权限还是工作的积极性都得不到充分发挥。这种地位和现状决定了人力资源部门在推广和实施绩效管理过程中有很大困难。更有甚

者，人力资源部门本身对绩效管理的概念、作用和目标都不清晰，对开展绩效管理工作的流程都不够明确，使得最后的绩效管理工作流于形式，甚至起到反面效用。

3. 考核指标与国有企业整体经营指标不匹配

国有企业的经营有其特殊性。国有企业的战略目标往往与国家发展是一致的。国有企业的年度经营目标是由上级管理单位下达，上级主管单位也依据这些经营目标对国有企业进行考核。这就导致国有企业的考核指标和经营指标之间的矛盾和不匹配。绩效考核指标应该具有连续性、完整性和系统性的，在激励员工的同时实现企业目标，但由于国有企业经营目标的特殊性，导致绩效考核管理的实施受到影响。在实践中往往会出现指标确定的随意性和主观性，只是在形式上考核积极性、工作量和工作态度等，难以形成与整体经营成果关联度很大的指标。

4. 国有企业绩效考核受企业文化影响主观性太强

目前国有企业对员工的绩效考核采用的是单向评价，也就是由上级主管对员工进行绩效评价，这种形式决定了员工绩效考核的主观性，往往管理者的评价决定了员工的考核结果。而这种人为的评价很难规避个人的主观感情，很难做出客观公正的评价。

5. 考核指标设计重结果轻过程和品质

目前大多国有企业的考核指标都是与财务考核指标相关的，例如利润、销售额、产品合格率等等，员工的工资与这些量化指标相结合。企业的经营行为是一个复杂的系统，经营结果是一个个细小的经营活动的结果。财务考核的量化指标容易形象具体地形成指标，但往往忽略了不能量化的部分，而且只是关注经营的成果忽略经营过程和长期战略目标。财务指标具有一些不可避免的弊端，往往不能真实地反映经营过程，实现对经营过程的管控。由此可见，绩效考核指标如果只考虑成果指标，轻过程和品质，往往会使得企业和员工只关注短期绩效，使得经营成果和员工行为短期化。

二、国有企业绩效管理改进的政策建议

(一) 走出认识误区，基于企业战略建立绩效管理体系

国有企业绩效管理的重要性是不言而喻的，要想解决目前国有企业绩效管理实践中存在的问题，首先就要走出对绩效管理认识的误区，然后根据企业经营实践建立有效的科学的绩效管理体系。

第一，走出认识误区。绩效管理不是人力资源部门或者绩效管理部门的责任，它是涉及企业上上下下的一项管理活动。绩效管理与企业和个人息息相关，应该把绩效管理看成企业整体管理活动的一项工具。企业应充分认识到绩效管理是一个不断闭合的循环过程。它不仅仅是为了绩效考核、发放奖金、升职和薪酬设计，这些只是绩效考核的一部分。而绩效考核又只是绩效管理的一部分。绩效管理是为了通过不断提高企业绩效的管理循环达到实现企业战略目标的目的。在这个过程中，企业的核心能力和员工的个人能力都在不断提高。同时绩效管理不是一个部门的工作，而是企业上上下下共同努力共同参与的管理活动。尤其需要注意的是，任何改革都离不开高层管理的认可和推进，高层管理者在改革中的重要性已经不言而喻，高层的认可和中层的推进很大程度上决定了绩效管理的结果。因此在推行绩效管理过程中一定要关注高层管理者对绩效管理的认可，不然绩效管理最终还是会流于形式，无疾而终。

第二，明确企业战略。绩效管理的最终目的是要实现企业战略目标。可以将企业战略目标层层分解，建立部门和个人的子目标，形成企业的绩效考核体系。

第三，形成战略导向的管理模式。企业以明确战略目标为依托，将企业战略目标和每一个部门、每一个员工的目标结合起来。具体的操作方法为，根据目标管理的流程，将公司的战略目标进行层层分解，形成各个部门和岗位的目标，将员工和部门的绩效目标落到实处，在企业战略目标的基础上，考虑员工个人的能力、发展和工作成果。

第四，提高管理层管理水平，树立正确的绩效管理观念，不断提高员工绩效管理的参与度。企业任何的管理活动都与管理者的管理理念分不开。

管理者的素质能力决定了管理活动的效果。推行科学的绩效管理要求管理者首先认识到绩效管理的实质和重要性，管理者本身具有不可推卸的责任，同时在这个过程中要保证员工的高参与性，从而更加有利于绩效管理改革的推行。必须明确的一点是，绩效管理是各级管理者共同的责任，而不是人力资源部门一个部门的任务，也不是人力资源经理的个人管理责任。各部门管理者、各层级管理者对部门和员工绩效有着不可推卸的责任。

（二）以关键绩效指标（KPI）为重点，建立科学、完善的绩效评价体系

影响企业总体目标实现的因素很多，关键绩效指标如何确定才是有效的考核指标。目前KPI考核之所以流于形式是因为指标的有效性和考核过程烦琐。关键绩效指标设定在于关键二字。关键指的是对企业战略目标的实现有着重要影响的问题。考核体系确定后，更加重要的是绩效考核的执行。管理实践往往能够让我们认识到绩效考核执行比绩效考核制度的建立更加关键和困难。

一般来说绩效考核的执行需要注意两方面的问题。一是绩效考核的过程。绩效考核一定要遵循程序和客观的标准去执行，而不是想起什么就做什么，要有完整的绩效计划。二是企业在收集绩效考核数据后对考核结果的应用。绩效考核不仅考察个人和部门的业绩，对企业目标的完成程度，更要与员工的薪酬设计、人员分配、员工培训和职业生涯规划结合。

KPI确定的步骤如下。

第一，通过分析企业的经营环境，找到影响企业成功的影响因素。对于企业来说，目前影响企业成功的关键要素包括企业业务的成长、内部管理的控制和企业竞争优势的建立，尤其关注行业的兼并收购机会。

第二，确定影响较大的KPI考评指标。

第三，对考评指标进行等级分配。

第四，形成企业的KPI考核指标体系。

考核指标确立后要有明确的评价标准。标准的确定以目标管理思想为指导，不能上级下命令，而是通过上下级沟通的形式确定。KPI考核除了量化明确具体、重点突出等特点，更强调指标设计与企业战略目标的结合。在

实行新的考核制度中，个人的工作职责和工作目标更加明确，能够有力地促进员工工作态度的端正和工作能力的提高。

（三）建立绩效导向的企业文化

企业文化是企业经过长期经营形成的、所有员工共同认可的价值观念和行为准则，是企业提高凝聚力的重要手段和工具。良好的企业文化对于员工的行为有一定的激励作用，能够将员工行为和企业目标协调一致，形成对员工内心忠诚的管理。要有效地实施绩效管理，一个以绩效管理为核心的企业文化的建设必不可少，只有员工和管理层对绩效考核形成共同的认知、一致的看法，绩效管理才能有效地实施而不是流于形式。高绩效的企业文化往往具备以下特征。

1. 公平的绩效考核

企业应营造一个公平的工作环境，赏罚分明、主动沟通、目标清晰、权责分明，鼓励员工积极工作，为员工提供必要的培训和职业生涯规划路径。

2. 良性竞争的工作氛围

无论是企业外部还是企业内部，既竞争又合作是这个时代市场的主流选择。良性的竞争环境是员工积极性和工作主动性的保证。对于国有企业员工来说，竞争意识薄弱是一个根深蒂固的现象。如何调动国有企业员工的竞争性，加强绩效管理有助于良性竞争环境的建立，消除人浮于事的现象是绩效管理重要的研究内容。

3. 工作丰富化和主动责任承担

根据双因素理论，工作本身是具有激励效果的。工作丰富化有利于调动员工工作积极性，提高员工的工作能力。主动承担责任也是员工工作成熟度不断提高的标志。这些都是企业战略目标实现的重要表现。

以绩效为导向的企业文化本质上是使企业的使命和宗旨以及经营理念更加直观、形象具体地展现在职工面前，让员工接受并认可这些理念，并在工作的过程中有所体现。企业管理通过绩效管理的流程将企业文化不断强化。

(四) 建立完善的绩效管理体系

国有企业绩效管理存在的问题，无论是共性问题还是单独企业面临的具体问题，不胜枚举，形式各异。之所以会存在这样的现象，还是因为现有的企业在管理过程中并未建立完善的绩效管理体系。因此，建立完善的绩效管理体系非常重要。绩效管理是一个循环闭环，主要流程如下。

1. 绩效计划

计划是企业管理活动的开始，是企业经营行为评价的依据。绩效管理体系的第一步就是绩效计划。绩效计划是指通过各部门管理者与员工共同讨论制定各个部门和员工在考核期内应该完成的业绩的过程。绩效计划要体现个人绩效和部门绩效乃至企业目标之间的联系，整个过程是企业总体目标分解为个人目标和部门目标的过程，是每个员工、每个部门通过个人努力完成工作内容，实现企业短期目标及长期目标的过程。绩效计划制定的依据就是明确绩效管理的目标。一般来讲，企业管理目标的设定遵循的是 SMART 原则，S（specific）指的是目标在设定时应该尽量明确具体，不可过于浮夸、模糊和有歧义；M（measurable）是指目标在设定过程中应尽量可衡量，易于评价，例如，KPI 的设定一般都要求具体的可衡量指标，财务评价指标等；A（attainable）是指目标的设定不应该是员工不经过努力就可以达到的，既具有一定的挑战性又有一定的可实现性；R（relevant）是指目标在设定时要有一定的相关性，相互影响、互成体系，而非独立；T（time-bound）是指目标在设定过程中要注意规定目标完成的时间。

2. 绩效辅导

绩效辅导，顾名思义就是指各级主管在绩效实施的过程中，通过持续的绩效沟通不断帮助员工改进绩效和提升工作能力，最终实现绩效目标的过程。此项工作从流程上是绩效管理的中间环节，是整个绩效管理工作中时间比较长的一项任务，是管理者和员工不断沟通共同协作完成企业目标的过程。良好的沟通效果是绩效管理成功的关键因素。绩效辅导与目前倡导的教练式管理模式是一种非常相似的管理理念。这种管理方式要求管理者既要能够指挥员工完成任务，还要能够指导员工完成工作。这个过程强调员工与管理人员的合作和员工的主动参与，是一个相互合作完成战略目标的过程。

3. 绩效考核

绩效考核阶段是考评部门根据绩效计划确立的绩效考核的目标体系和考核表对各个部门和员工进行考核，收集数据，对员工考核期内的行为表现进行评价。绩效考核需要注意考核指标的严谨和全面，考核的标准要清晰客观，能够体现工作绩效，还要注意绩效考核的过程要公开、公正、透明，有严格的监督控制环节，有反馈渠道。

4. 绩效反馈

绩效反馈在目前国有企业绩效管理实施过程中是存在较大问题的环节之一。大部分国有企业在绩效反馈和应用上效果还是不错的，除了能够将绩效考核的结果告知员工，还能够根据绩效考核情况对员工进行培训和职业晋升，但同时可以看出很多企业的绩效考核有欠公平且申诉无门。出现问题时，没有反馈的渠道，员工对此积怨已深。针对这一问题，建议这些企业建立绩效考核申诉部门，完善沟通渠道。人力资源部门制定规范的《员工考核结果申诉表》，如果普通员工对绩效考核结果存在不同的看法，有问题需要反映的员工填写相关表格后，向人力资源部门进行反馈和沟通。人力资源部门在接到员工填写的申诉表之后，须在五个工作日内组织相关人员进行审查和审核，得到审核结果后，将处理意见和结果反馈给申诉者。

5. 绩效改进

绩效改进是绩效管理非常重要的一环，也是目前在绩效管理实践中最容易被忽视的一个环节。传统的绩效考核的目的是通过对员工的工作业绩进行评估，将评估结果作为确定员工薪酬、奖惩、晋升或降级的标准。这也是目前比较常见的绩效管理工作的最终环节。而随着绩效管理理论和实践的不断发展，现代绩效管理更强调战略目标的实现和员工在这个过程中个人能力的提升和发展。企业对绩效考核成果的应用已经不再局限为薪酬管理，更强调根据绩效考核的结果针对员工进行绩效改进，有针对性地根据考核结果对个人的职业生涯进行规划。绩效改进是一个企业与个人目标共同发展的过程，在企业绩效管理中发挥着越来越重要的作用。

（五）实施科学绩效管理的保障

绩效管理体系的设计与企业的基础管理水平息息相关。高水平的基础管理会使得绩效管理的组织和实施尚有较大的选择空间和发展空间，也是绩效管理得以有效实施的保障。为了有效建立科学的绩效管理体系，本书提出以下的政策建议。

1. 提高基础管理的水平

国有企业应完善日常管理，在管理的各个环节体现绩效管理思想。以某公司的销售费用报销为例。销售部门的管理费用是一个很大的难题，业务员经常各地出差，有大量的个人费用产生，甚至有办事处出现业务员报销费用比业务提成更高的现象。为了规避这一问题，建议该公司做出规定，将业务人员的费用报销率与销售任务完成率结合起来考核。

2. 提高人力资源管理部门的业务水平

一个企业要有效地实施绩效管理，人力资源部门的重要地位不言而喻。人力资源部门是绩效管理的发起者、组织者、设计师、执行者，不仅要对整个的绩效管理工作进行整体规划，也要对各个执行细节进行明确具体的说明，甚至在绩效考核结束后与各个部门进行沟通进行绩效改进。

3. 提高企业信息化水平

随着互联网技术的突飞猛进，互联网技术的应用在人们的生活中发挥着越来越重要的作用，在企业的管理中也变得越来越重要。首先，信息化的管理有利于消除人的主观因素对绩效考核结果的影响，保证绩效考核结果的公平和公正。国有企业自身的特点和特殊性决定了信息化更有利于解决应对这些弊端。其次，还可以节省大量的人力物力和财力，节约企业的资源。例如，信息系统避免了人为的干扰，隐私性较强。员工在打分过程中压力不大，可以自由地按照个人真实意愿去进行评价。再次，信息化还可以避免在绩效考核过程中大量的不合规格的评价信息，如果评价信息不符合评价的标准和要求，系统会拒绝提交或者进行提示。

总之，绩效管理不是一个一成不变的固定的模式和流程，它是一个管理思想管理哲学的体现，是一个动态适应环境变化的管理过程。无论是国有企业还是私营企业，在实施绩效管理的过程中都不能照搬欧美国家的经验和模式。我国的文化特点和市场环境较国外还有较大的差异，任何管理方式和方法都应与国家和地区的文化相结合才能产生巨大的生产力。在学习先进管理经验的过程中，国有企业更应该思考我国的国情和企业的实际情况，探索和思考自身面临的具体问题和企业自身的特色，从改变经营观念着手，形成对绩效管理的整体认识，结合企业的具体情况，建立科学有效的绩效管理体系，不断提升企业的核心竞争力，保证企业的长久发展。

第二节　企业人力资源管理中的薪酬激励制度

一、我国国有企业薪酬管理现状

（一）国有企业薪酬管理背景

国有企业是指资本全部或主要由国家投入，依法设立从事生产经营活动的组织体。它通常是指国有独资企业，有时也把由国家控股的公司也称为国有企业。在现代企业制度中，我们发现对于人力资源的管理是非常重要的，人力资源的管理是否成功常常会直接决定企业的经营成果的好坏。一个企业想要在残酷的市场竞争中取得优势，那么首先就必须做好人力资源的管理。对于人力资源的重视是对知识经济的肯定。当前我国的国有企业属于经济发展的重要支柱，因此，对其人力资源的管理是非常重要的。但是现阶段，我国的国有企业薪酬管理工作还存在一定的问题。人力资源没有做好，就没有办法发挥好企业职工的工作积极性，不能吸引更多优秀人才，国有企业的薪酬管理水平亟待提高。所以，对我国国有企业薪酬管理的研究就显得尤为重要。

（二）国有企业的薪酬管理模式

薪酬管理模式，就是将企业的薪酬管理做成一种可以参照的模式标准。我们都知道。凡是称之为模式的，就意味着是可以通用的，对于任何一个企业都是有参照意义的。薪酬是由很多方面的因素构成的。就拿工资来说，简单的工资就可以分为很多种，有基本工资、绩效工资、工龄工资等很多划分。每个企业由于自身的特点，都有独特的薪酬管理模式。但是我们可以简单地总结几种基本的薪酬管理模式，岗位薪酬模式、绩效薪酬管理模式、技能薪酬管理模式、市场薪酬管理模式。这几种模式不是孤立的，任何一个企业都可以在结合自身特点后，结合一种或者几种基本的薪酬管理模式去设计公司内部薪酬管理制度。

虽然在实际操作中，很少有企业会完全参照一种或几种薪酬管理模式，都会有所选择和取舍。但是我们要明白，任何公司的薪酬管理模式，都应该以员工为主要考虑对象。对于不同的员工要采取不同的薪酬计算模式，但是前提是必须公平。无论哪种薪酬模式，都会考虑市场因素。对多数国有企业来说，以岗位为主，适当考虑工龄，并加大绩效付酬的比例，是比较适合的薪酬模式。

（三）国有企业薪酬激励主要问题及影响

国有企业一直是我国国民经济的支柱性企业，其发展与我国的经济发展是息息相关的，国有企业的效益问题关系到国民大众。国有企业得到良好的发展，是利国利民的，可以促进社会的发展、人民的就业以及生活水平的提升，而且对于保证国家宏观经济的发展也有作用。但是当前，我国的国有企业发展态势并不良好，面临残酷的竞争，我国国有企业面临亏损的现状，全国范围内的亏损面增大。国有企业薪酬激励方面存在的主要问题如如下。

1. 薪酬激励机制不合理

国有企业的薪酬管理倾向平均，体现不出员工价值的差别。国有企业内部的一般员工的薪酬水平呈现平均化的局面，在国有企业之间、行业之间，薪酬水平的差距是非常大的，我们可以看到两极分化现象非常严重。国有企业内部并没有对人力资源管理给予很高的重视，所以一些国有企业的员工常常会跳槽，造成国有企业人力资源的流失。

2. 薪酬缺乏竞争性

首先，国有企业薪酬制度缺乏对外竞争性。我国国有企业的收入比较低，所以很多的人力资源都逐渐流向非公有制的企业，往往会出现国有企业为非公有制企业免费培养人才的现象。国有企业该如何才能留住员工呢？这要求我国的国有企业必须做好人力资源的管理工作。首先要做到的就是在薪酬方面的提升，相比同行业或者区域内，保证薪酬水平处于平均线的水平之上。不得不说高薪是留住人才的一个最有效的方式。

其次，国有企业薪酬制度缺乏对内公平性。国有企业内部薪酬水平的两极分化现象严重，往往是管理阶级的薪酬水平屡创新高，但是职工的薪酬水平一直处于一个较低的位置。激励的前提是公平，如果连最基础的公平都做不好，就不能谈及激励一说了。

3. 缺乏科学严格有效的薪酬考核制度

目前，有些国有企业缺乏科学严格有效的薪酬考核制度，对于职工的薪酬考核仅仅停留在经验判读上，具有很强的主观随意性。往往是领导的一句话就决定了员工的薪酬考核水平，并没有将国有企业员工的生产效率水平与薪酬结合起来，没有通过有效的薪酬制度去进行严格的考核，这样一来薪酬水平一定是不公平、失之偏颇的。所以，我国的国有企业目前最重要的就是建立科学严格有效的薪酬考核制度。

二、完善国有企业薪酬激励的对策

薪酬管理对于企业来说是一把“双刃剑”。企业的激励体系建设涉及企业全体员工的切身利益，完善的激励体系既能调动员工的积极性和创造性，又能积极促进企业效益的提高和国民经济的发展。

（一）引入新的薪酬体系原则

当前国有企业在薪酬激励方面存在诸多问题，对外毫无任何吸引人才的诱因，对内无法有效激励员工的工作积极性，造成大批优秀员工流失。因此，为解决这一问题，引进新的薪酬体系，建立良好有效的吸引和留住人才的薪酬体系显得尤为重要。

1. 建立规范的奖励体系，形成激励机制

在建立薪酬体系时应充分体现公平性原则、物质激励与精神激励相结合的原则及薪酬与绩效挂钩的原则。在传统等级薪酬结构下，员工的薪酬跟职务挂钩，跟能力无关。新的薪酬机制改革则要求我们除了注重基本能力的培养，还应建立与技术能力相关的长效激励机制，促进员工之间的良性竞争，提升员工的积极性和工作效率，通过资源共享和合作实现企业和个人的互利共赢。

国有企业更应跟上时代步伐，深入研究薪酬体制改革的原则和要求，制定适合自己公司的奖励体系，利用相应的系统进行定岗和岗位评价，根据员工的能力合理分配岗位，实施竞聘上岗，依据表现情况及时调整薪资水平。

2. 掌握薪资的内部公平与外部公平

所有企业都必须严整薪酬制度。薪酬的多少直接决定了员工的收益，所以工作团队的建立很大程度上取决于薪酬体系的合理化。薪酬体系的合理化体现在结果、程序、交流、信息的合理化，以及对内、外两个部分和个人这两个方面进行研究。内部公平体现在相同的员工、相同的实力及相同的工作积极性，其薪资待遇相同。只有这样才能使员工的积极性得以提升，把员工价值发挥到最大化，让员工切身感受到来自企业的福利。外部公平体现在把企业员工放在外界同行业同职位下，其薪资待遇不会低于同行业水平，这样员工就不会产生消极的抵抗情绪，使得员工置身于企业发展中，为企业的发展尽最大能力。个人公平性是指公司内同类工作之间薪酬的公平性，个人的劳动付出与所得薪酬之间的公平性以及个人原来、目前和未来期望薪酬之间的公平性。

3. 丰富福利与保障体系，增加其灵活性、新颖性

福利是薪酬制度中不可缺少的一部分，它表达了对员工的关心和重视。在当今开放的市场和投资环境下，面对激烈的国内外竞争，为吸引和留住优秀人才，必须建立多层次的员工福利和保障体系。可以分为三个部分：一是任何人都能享受到的核心福利保障；二是员工在一定条件下才能享受的补充福利保障；三是员工可自由选择的弹性福利保障。这种保障制度的灵活性和新颖性可以适应各个层次、不同条件员工的需要，可以充分调动员工的积极性，提高工作效率，留住人才，增强员工的归属感。

4. 薪酬设计要科学化

薪酬设计要遵循一定的原则，如认可性、公平性、竞争性、激励性、经济性、合法性和完整性等，用科学的方法制定出最有效的薪酬方案，同时将员工的利益和企业的发展目标紧密结合在一起。[①] 薪酬设计首先要进行职位分析，明确各部门职能和职位关系，接着进行职位评价，确保内部公平和外部公平，建立统一的职位评估标准；进行薪酬调查，一定要参考劳动力市场，尤其是与本公司具有竞争关系的企业的薪酬水平，获得调查数据；通过

① 王仁祥. 论中小企业薪酬设计的原则 [J]. 特区经济，2005(1)：150-151.

分析调查数据，根据企业状况进行薪酬定位，分析影响公司发展的内部因素和外部因素，主要从国家的宏观经济、通货膨胀、行业特点和竞争、人才供应状况，以及工作人员的素质、人才稀缺度、招聘难度等方面综合考量；接下来进行薪酬结构设计，主要从职位等级、个人技能、资历、个人绩效四个层面进行考虑，具体岗位具体分析。最后根据薪酬设计的运用情况，进行适时调整和修改。

（二）建立新的薪酬管理制度

1. 按业绩定酬

按业绩定酬能够调动员工的积极性，充分体现新的薪酬机制的优越性。根据员工业绩高低进行定酬，主要从员工劳动成果、工作效率、任务量完成度等方面进行分析，实现多劳多得，少劳少得。促进员工的个人发展，为企业培养更多专业技术人才。

2. 让员工参与薪酬的设计

薪酬是与员工息息相关的。因此，在薪酬改革中，员工也应该具有话语权，只有员工参与进来，薪酬制度才会照顾到每一个员工。而目前很多企业没有意识到员工参与薪酬改革的重要性，与员工沟通较少。但如果与员工之间能建立合理充分的沟通渠道，则会使员工更加容易理解和接受企业出台的政策，而且万一出现问题，也可以较快地得到反馈并解决。薪酬制度在一定程度上的公开可以使管理层与员工相互交流意图，员工对于薪酬的设想和期望能被政策制定者了解，从而真正成为薪酬设计的重要考虑因素；而开放相关的薪酬信息，使员工了解薪酬制度和计薪标准等内容，便于判断自身绩效与所获奖金之间的关系。这种开放式的制度将更容易获得员工的支持和信任。

3. 在企业中引入宽带薪酬体系

根据岗位、技术及职能的不同，薪酬体系主要包括管理、专业技术、技能、辅助。而每个职能又根据每个细节如员工技术、技能水平等从而划分为不同的岗位等级。这些划分方式导致不同岗位工资的差异，从而使工资分配具有灵活性，促使员工技术及技能的提升，也提高他们对职级晋升的渴望。除此之外，每个职级的薪酬均由职级底薪及浮动薪酬组成。职级底薪主要由固定工资部分构成，包括岗位、技能工资及年工资等。浮动薪酬主要与工作绩效挂钩，包括奖金、津贴及其他鼓励性报酬，且职级越高，浮动薪酬所占比重应越大。宽带薪酬体系使员工的工资结构不再单一，不仅仅与职位挂钩，只要努力，实现高薪收入的可能性大大增加，这就大大提高了员工工作的积极性和创造性。

(三) 创造新的薪酬激励环境

1. 采取灵活的薪酬发放形式

良好的薪酬体制可以提高员工的工作积极性，提高员工的生活质量，扩大员工的交际范围。当前企业的薪酬主要采用公开和秘密两种发放方式。

薪酬的公开发放是顺应时代潮流的需要，公开透明的发放方式可以使每个员工更容易了解自己的薪资结构、岗位的重要性，与其他员工进行对比，从而主动学习，提高自己的能力，同时节约企业的成本。但它也会产生一些不良影响，会导致某些员工产生自满情绪，觉得自己很有能力，容易低估他人，引发冲突，这就要求引入秘密发放模式。

秘密薪酬模式是对薪酬公开模式的补充，也正好相反，它是指薪酬的决策、分配、发放过程均不公开。这种模式可以减少员工之间的不公平感，避免工资差异而引发冲突，但它会弱化激励作用，加大员工的心理压力，对自己的工资耿耿于怀，影响工作效率。因此，薪酬管理是很复杂的事情，要考虑诸多因素的影响，选择什么样的薪资发放方法，主要取决于公司的实际情况和想要达到的效果，具体问题具体分析。例如联想企业，薪资发放方式为保密制，在事实发放时却是秘密与公开两种形式的兼容，具体体现在员工个人薪资的秘密化，薪酬结构与薪酬准则却是公开化的，考核机制也是非常健全的，有着先进、公正的考核工具。由此可以看出，这两种制度的结合可以使员工积极性得到提升，同时体现出企业的公平性。

2. 加强企业文化建设

企业管理理念和文化倾向与薪酬体系息息相关。企业文化是一个企业的灵魂，而决定这个企业长足发展的关键除了企业文化，最重要的就是薪酬制度。因为，薪酬制度是以人为核心的。而中国传统文化及按均分配体制严重影响了部分国有企业的薪资结构和薪酬模式，从而制约着企业的发展。个人观念上很难接受待遇上的差别，实施的难度可想而知。所以目前工作的重中之重就是企业文化建设工作，建立具有激励作用的薪酬体系。因为，完善的企业文化环境和合理的激励体制，能够使员工具有归属感和成就感。价值观和使命感的创造一定要建立在员工的利益之上，这样才能促进企业整体效益的增长，才能有效推动组织变革以及建立良好的企业文化氛围。

第九章　核心人才管理

第一节　企业核心人才的界定

所谓核心人才，就是在企业发展过程中通过其高超的专业素养和优秀的职业经理人操守，为企业做出或者正在做出卓越贡献的员工，或者说是因为他们的存在而弥补了企业发展过程中的某些空缺或者不足的员工。核心人才不仅具有企业人才的特点，还具有其特殊性。核心人才具有比其他员工更强的竞争性，必须建立有利于人才彼此进行合作的创造性方式。彼德·德鲁克指出，核心人才不能被有效管理，除非他们比企业内的任何其他人更知道他们的特殊性，否则他们根本没用。在企业中，往往是 20% 的人才创造了 80% 的效益。

一、企业核心人才界定的理论依据

核心人才是企业的核心竞争力之源，其对企业发展的重要性已受到企业普遍重视。但是，目前人力资源开发理论对核心人才的定性描述较多，对核心人才的判断标准、评价尺度以及核心人才在企业人力资源中的数量、结构等具体问题研究较少，企业人才在管理实践中的成功经验也较少。目前具有代表性的核心人才开发理论，主要是美国著名人力资源管理专家斯科特·A. 斯耐尔提出的人力资源地图。人力资源地图通过对现实企业管理实践的观察，基于交易成本经济学、人力资本理论及战略人力资源管理理论的综合分析，认为企业的人力资产对其获取持续竞争优势的作用是不一样的，可用其价值性和稀缺性两个特征，作为可选择的人力资源投资和管理政策的决定因素。对企业人员能力的特征分析，把企业的战略与相对应的人力资源投资和管理政策联系在一起，据此制定对各类人员的投资和管理政策。①

根据人力资源地图，可以将核心人才定义为：在较长时间工作实践基础上，形成了核心能力的人才。根据此定义，是否为核心人才与其在企业中的职位高低并无必然的联系。不能说企业内的所有高层管理者都是核心人才，所有基层人员都不是核心人才。

企业核心人才对企业具有最高价值，他们直接与企业核心能力相连，其工作绩效对企业业绩有直接和重大的影响；同时，核心人才在企业中工作多年，占据企业重要位置，对企业各方面有深入的了解，认同企业文化，掌握着企业独特知识和技能。针对核心人才的这种特殊性，该模型认为企业应当充分利用各种资源对核心人才进行重点培训和针对性开发。只有这样，才能真正提高企业的核心竞争力。

二、企业核心人才界定的方法

从企业面临的现实环境和实际需求来看，任何企业都应客观地认识到，力图留住全部人才既不可能也无必要。正确的人才开发思路应是将主要精力和企业资源用到那些为企业创造巨大价值的核心人才身上，将核心人才及其智力资源的保留和激活作为人才开发与管理的首要任务。

换言之，企业应该建立以核心人才为中心的人才资源开发与管理模式。为了科学地确定企业核心人才，必须首先从企业的发展战略和主营业务出发，准确识别企业的核心业务能力。业务是企业的生命线，企业要想成为具有竞争力和持续发展力的企业，必须建立和拥有自己的核心业务竞争力。建立以核心人才为中心的人才开发模式要求企业首先要识别已经具有或应当建立的企业核心能力，应当以目标市场中的优秀企业和主要竞争对手为参照，从企业的发展战略和主营业务出发，运用价值分析的方法，以创造客户价值和赢得客户满意为主要标准，确定在企业的价值创造过程中哪些活动起了关键性作用，进而分析对于这些活动来说，主要需要哪些技术专长与管理技能，哪些属于关键性的技术专长与管理技能。在此基础上，对照竞争对手，分析目前企业在哪些关键性的技术专长与管理技能方面具有更大的优势

① 孙建．论企业核心人才的界定与管理 [J]. 中小企业管理与科技（下旬刊），2021(1)：20-21.

或潜质，最终确定企业已经具有或者应当建立的核心能力。

在识别了企业的核心能力之后，企业人力资源管理部门应与具体业务部门紧密配合，从核心能力的角度更加细致地对现有人才队伍进行定性、定量评估，进一步确定企业的核心人才，对企业员工进行合理分层。

企业核心人才的确定，应根据岗位评价和个人能力评估的结果。对于岗位的评价，主要应从岗位的复杂性、责任大小、控制范围、所需知识和能力等方面进行，由此获得某个岗位的相对工作价值；对于个人能力的评估，应侧重于对其实际工作能力和遵从企业价值观的评估，主要依据以前的工作业绩或绩效评估的结果，同时参考曾做出的贡献、学历、职称、资历等因素。只有那些岗位评价和个人评价分数都较高的人才，才能称为核心人才。与此并行不悖的是对企业员工进行合理分层。如果根据对企业价值创造和核心能力的贡献，结合岗位评价与个人评估的结果，将核心人才组成的群体称为“核心层”的话，根据80/20原理，其余的80%人才资源可以依次划分为骨干层（占40%）、潜力层（占20%）、提高层（占10%）和淘汰层（占10%）。骨干层是指能够协助核心层共同为企业创造价值的人才；提高层是指个人能力与目前的岗位要求具有一定差距的人才；淘汰层是在岗位评价与个人能力评估方面“双低”的人员。

总之，企业核心能力是企业长期培育和不断维护的结果，建立以核心人才为中心的人力资源开发模式和打造核心人才队伍也将是一个渐进的过程。但是，只有将建立、巩固和强化企业的核心能力作为企业人才资源开发的出发点，只有建立起以核心人才为中心的人才资源开发模式，才能使企业人才管理的各项活动始终与企业发展的战略方向保持一致，也才能够最终使企业在持续发展过程中始终得到人才资源的有力支撑。

第二节　企业核心人才的构成与特征

一、企业核心人才的构成

核心人才是企业发展的重要支柱，核心人才队伍的建设是企业集团人力资源管理的核心。核心人才包括企业的高级管理人员、技术研发人员、关键的市场营销人员等。基于集团的发展战略制定核心人才队伍建设规划，打造核心人才队伍，培育员工的核心专长与技能，支撑企业核心竞争力的形成；形成战略绩效目标，将绩效目标层层分解，向下推行实施，并设计具有指导性的核心人才引进、培育、开发、激励策略。

（一）高级管理人员

企业高级管理人员是指公司的经理、副经理、财务负责人、上市公司董事会秘书和公司章程规定的其他人员。一般而言，他们负起公司例行公务的种种责任，也拥有来自董事会或主要股东所授予之特定的执行权力。有部分企业为强化他们的职权等，会另外授予他们执行董事的职衔。而如果他们本身就是合伙人或股东，执行董事也是他们另一个重要的职称。虽然他们要负起例行公务的责任，然而其主要职务则是行政管理或重大公司政策的执行等。

（二）技术研发人员

1. 技术研发人员的地位

毫无疑问，以创新力为主导的自主研发是企业的重要战略工具之一。在激烈的竞争及复杂的经济危机面前，这种工具显得尤为重要。产品开发和应用研究两部门的人员组成了一个企业的技术研发团队，该团队是一个企业实现创新和升级的核心力量。

产品开发人员要依据顾客需求、市场的需要，利用自主产权技术水平和现有技术成果相结合，深度探索开发，不断创新，设计适合新兴市场的产品，推动企业的发展。应用研究员工的职责则是，把开发完成的成熟产品和服务作为自身的基础环节，通过资源的整合和产品的升级提升这些成果的市场利用效率，推出新的价值，从而促进企业效益的整体提升。两种类型的员工并非互不干涉，反而是频繁地交叉协作。一个员工在单一项目中可能根据不同阶段做不同的专项，也可能在不同项目里承担多重角色。

提供新产品、新技术、新服务、开发新软件、搭建新平台毫无疑问是企业技术研发人员的核心职责所在。一家中小型的高科技企业，摆在面前的核心战略目标就是激发研发人员的工作激情，最大限度提供他们发挥创造力的空间，让他们的心血和汗水转化为实际工作效率和成果。

一是成本高，个体差异性大。技术研发人员实质上是中小型高科技企业无法固态掌握的资源形式，这种资源有着非常强的不确定性，而技术研发人员稳定与否、创新能力高低却直接决定企业的创新能力、竞争能力是否强劲。技术研发人员的专业知识技能水平有很强的专业性、实践性，不是从书本上就可以直接掌握的静态知识，相反，需要扎实的理论基础以及长期工作中的不断学习领悟。可以说，研发人员的能力提升是个人和公司共同努力、互相成就的结果。于是，一旦出现企业的研发人员离职、跳槽，就意味着企业在人力资源培养成本上的巨大浪费，伴随而来的还有更严重的核心技术缺失、商业机密泄露问题。

二是创新力强，追求自由环境。研发人员的工作并不适合朝九晚五、严丝合缝的管理，其创造力往往和企业提供宽松自由有弹性的空间能力呈正相关关系。再者说，创新研发是典型的智力劳动，工作流程和方式往往处在随机调整之中。因此，拥有一个独立自主的研发环境往往是技术研发人员所期望的重要内容之一。在封闭和滞后的管教模式里，研发人员必然会有消极怠工甚至是反抗抵触的情绪。

三是升级换代快，需要不断进步。21世纪以来，世界科技水平发展迅速，知识资源升级迭代迅速，这就对研发人员提出了更高的要求，也提供了更多的机会。一方面，旧的、已熟练掌握的知识，容易面临社会的淘汰；另一方面，研发人员则拥有了通过某一项创新技术而扬名立万、实现个人价值的机会。因此，企业必须在新技术、新理念的培育方面加大力度，注重与时俱进，促使研发人员不断学习并更新知识储备，以人力资源的投入换取更高的社会资本。

四是绩效考核难，考核周期长。新技术从研发到试运行再到正式投放市场，是一个长期的过程，研发成果的变现离不开各类资源的有效整合。可以想象，在一个新技术从研发到推广的过程里，难免出现投入大于盈利的状态。以短期的目标考核研发人员是不公平的，对技术研发人员考核的周期很难有一个定性标准。另外，成果的产生过程涉及算法设计、前端编程、运维测试等各个环节，成果从来不是哪一个人的，而是团队共同协作的结果和智慧结晶。我们不能孤立地对哪一个个体的具体作用进行量化分析。因此，也容易导致团队中出现个别人员出工不出力的滥竽充数现象，使得考核难度进一步加大。

2. 技术研发人员的特征

(1) 技术研发人员的工作特征

技术研发人员的核心特征就是其掌握了某一领域或方向的知识和技能。他们能依靠自身的知识、技能和灵感研制高价值的新产品，提高公司产品和服务的质量，这与生产一线的制造工人及行政管理员工有着本质上的不同。

研发人员的工作时间大部分用在了思考上，这是一种无形的劳动。于是管理人员常用的监督、巡查的管理方式对其将丧失意义。毕竟，一个听话的规规矩矩的员工并不一定是一个合格的研发人员，反之亦然。所以，常规的监督方法将不具备可操作性。

工作的环境和条件是研发人员自由意志的体现。研发人员习惯于根据自己的实际研发工作进展实时调整既定目标、控制总体进程。

(2) 技术研发人员的性格特征

技术研发人员习惯于自发主动地开展研发工作，死板的工作、监督制度对其效用不大。技术研发人员将新技术、新理念奉为主旨，善于处理挑战性工作，享受在运用新技术、新手段攻克某个难题时产生的成就感。[①] 他们高度重视自己所从事的专业领域，对该领域知识、技术更新十分敏感，在学习提升方面往往有较强的自觉学习能力，能主动参加新技术的培训交流，重视自身的专业素养的提升以便于保证在该行业内的持久竞争力。

技术研发人员的忠诚度是具有分布性的，一方面是对企业的忠诚，但是另一方面他们则更忠诚于技术。当出现更适合他们职业感觉和发展前景追求的机会时，企业间的跳槽、人才流动则不可避免。

3. 技术研发人员的需求

(1) 物质的需求

目前技术研发人员薪酬的水平只是比普通员工略高，通过薪酬激励促进研发人员创造价值的空间依然很大。衡量一个公司物质激励的有效性的重要标准就是技术研发人员对物质需求的满意程度。作为技术研发人员，全身心投入技术研发的他们，往往只有物质的满足，才能促进技术研发工作更加

① 方卉．企业核心人才队伍建设的路径思考 [J]. 企业改革与管理，2020(20)：74-75.

专注。

(2) 教育的需求

技术研发人员热爱挑战，对新技术有着特殊的执着与热情。他们不满足于自身的知识储备，而是习惯于在不断实践中提升自我的能力。企业在安排任务时要注重这一点，要适当地让他们的工作具有挑战性，鼓励他们主动学习，积极主动提供培训交流机会，通过这种手段不断促使他们保持创新的能力，在本行业的专业领域保持较高的水准。

(3) 成长的需求

公司的发展前景和个人的职级晋升对技术研发人员来说是同等重要的。企业在满足薪酬待遇的同时要保证公司技术岗位的人才向上流动性，以岗位激励提升技术研发人员的工作积极性。公司要注重对技术研发人员的职业生涯规划，将性格、能力、工作动机等多方面的因素综合起来设计一条针对性的职业发展道路。

(4) 成就的需求

技术人员喜爱挑战性的工作，企业在布置相关研发工作时要注重满足其对新知识、新技能的渴望与攻坚克难的成就感。有调查研究表明，作为激励因素之一的工作本身，其激励的效果有着举足轻重的地位。

(5) 公平的需求

无论从职业特点还是人员性格本身来说，对研发人员而言，公平都是至关重要的，一个项目的落地完成必须有公平的奖励。虽然受限于研发工作的复杂、独特，一个以团队协作方式实现的成果难以分开考量每个人的作用大小，但企业依旧需要探索出集科学、公正、客观于一体的绩效管理体系，真正使得研发人员多劳多得、薪酬与心血相统一。

(三) 市场营销人员

市场营销人员对企业至关重要，能直接影响企业的盈利质量，因此必须具备较强的综合能力，具体有以下五个方面。

1. 公关能力

第一，沟通表达能力。市场营销人员要想做好销售工作，良好的沟通能力是十分必要的。市场营销人员要有良好的语言表达能力，善于运用真诚而巧妙的言辞，获得顾客的信任与支持。

第二，人际交往能力。人际交往能力的强弱是衡量其是否适合营销工作的标准。因为市场营销的工作实质是公关过程，公共关系中的最高表现形式即为人际关系。

第三，形象礼仪。市场营销人员要有良好的仪表形象，在着装风格上要考虑年龄、时令、档次、配饰意义等因素。市场营销人员着装打扮要得体，整洁干净，在和顾客交往的过程中要以尊重为本、重视自己的形象和注重行为规范。

2. 信息收集处理能力

当前市场竞争日益激烈，单纯的市场调查和旧有手段的信息搜索已经不能适应海量市场信息瞬息变化的情况。市场营销人员应该具备较强的信息收集和整理能力，要做市场活动中的有心人，将收集到的市场信息及时反馈给公司。

3. 开拓创新能力

市场中最吸引顾客的往往是新产品、新广告、新观念和新技术。它们之所以有魅力，主要在于其“新”。市场营销人员在具体的营销工作中必须不断创新，才可以吸引到更多的顾客，获得更大的营销效果。

4. 应变能力

市场营销人员在工作中要与形形色色的人打交道。在这种复杂易变的人际交往环境下，只用一种模式和姿态对待顾客是很难取得成功的。这就要求市场营销人员必须具有灵活机动的应变能力，在坚持原则的同时，化复杂为简单，取得营销活动的成功。

5. 思考和总结能力

市场营销人员在开展业务过程中，通常会使用不同的手段和方法来达到销售目的。优秀的市场营销人员会对自己的特点和优势进行思考，不断总结提升，最终形成自己的营销风格。只有具备良好的思考和总结能力，市场营销人员才会对自身有清醒的了解，从而扬长避短，选择适合自己的营销风格。

二、企业核心人才的特征

（一）具有相应的专业特长和较高的个人素质

核心人才大多受过系统专业教育，具有较高学历，掌握一定的专业知识和技能。这是由工作的复杂性所决定的，核心人才必须有相应的专业特长才能匹配自身的核心能力。核心人才的专业特长不仅能帮助其获取物质或精神上的酬劳和奖励，更能为企业贡献较高的价值。

由于受教育水平较高的缘故，核心人才大多具有较高的个人素质，主要表现在知识和智能素质方面，如开阔的视野、宽泛的知识面及其他方面的能力素养。面对竞争激烈、优胜劣汰、机遇与威胁并存、利益与风险并存、希望与失望并存的现代企业，他们还具有竞争、合作、应变、创新的意识，有坚强的意志，有较强的自信心和承受风险的能力。

另外，为了和自己所从事的专业发展保持一致性，并能在工作中有所成就，他们需要经常更新知识。而技术密集型、知识密集型的现代企业同样要求他们不断学习新的知识，及时掌握新的技能。因此，核心人才的学习能力一般都很强。

同时，与体力劳动者简单、机械的重复性劳动相反，核心人才从事的大多为创造性劳动。因此，他们在长期探索实践中，形成了富于创造性的思维能力。创造性是核心人才最本质的特征。

价值观念方面，追求自我价值的实现、高度重视成就。这是知识管理专家玛汉·坦姆仆对核心人才进行大量研究后得出的结论。核心人才热衷于具有挑战性的工作，勇于承担工作中的重担，把这些看作实现自我价值的方式。他们更渴望看到工作的成果，认为成果的质量才是工作效率和能力的证明。追求成就、取得成就本身就是对他们最好的激励方式，而物质激励手段则显得并不十分重要。

（二）在心理需求方面，需要自主的工作环境

核心人才所从事的大多为科技创新活动，从事的是创造性工作，不同于体力劳动，也不同于行政性和操作性的白领工作，而是依靠自己的知识天

赋和灵感，运用创造性思维和自身所掌握的专业知识，应对各种可能发生的情况，推动技术的进步和产品的创新。因此，核心人才更倾向于拥有宽松、宽容、自主的工作环境和组织气氛，不希望有太多的外力监督控制。他们更注重工作中的自我引导和自我管理，要求授权赋能。这种自主性也表现在工作场所、工作时间方面的灵活性要求，以及宽松的组织氛围和企业文化上。工作方式多采用团队形式。

随着现代科技不断向深度和广度发展，科技研究工作越来越呈现出复杂化和综合化特征。许多知识创新和科研性成果的形成通常非一人所能为，而需要各方面专业人员的相互配合与协作，跨团队、跨职能的合作也更加频繁，甚至出现了虚拟工作团队。团队组织发挥着越来越大的作用，因此需要每一个团队成员的真诚合作。

(三) 劳动过程难以监控，劳动成果难以衡量

核心人才的工作是思维性活动，其过程往往是无形的，没有明确的流程和步骤，呈现出很大的随意性和主观支配性。甚至工作场所也与传统的固定生产车间、办公室环境迥然不同，灵感和创意可能发生在工作外任意的时间和场合，固定的劳动规则并不存在。因而，对其劳动过程的监控既没有意义也不可能。同时，核心人才的工作成果常常以某种思想、创意、技术发明、管理创新的形式出现，因而往往不具有立竿见影的效果，不能直接测量。另外，在创新不断加快和难度不断加大的情况下，创新活动很难一个人单独完成。因此，创新成果多是团队智慧和努力的结晶，很难进行分割。核心人才工作的成果不像一般劳动者工作所获得的成果一样容易量化。这些都给衡量核心人才个人绩效和给予合理薪酬带来了很大困难。

(四) 较强的流动意愿和性格特征比较内向

核心人才更多地信守于自己的职业，而非对企业做出承诺，组织忠诚度较低，且凭借他们所掌握的专业知识和技能，有能力找到新工作。一旦现有的工作没有足够的吸引力，或缺乏充分的个人成长机会和发展空间，他们出于对自己职业感觉和发展前景的强烈追求，就会很容易地想到寻求新的职业机会。因此，如何留住核心人才是令管理者头疼的一个问题。

企业核心人才性格内向者比较多。由于长期从事技术性工作，独立思考，因此他们一般不善言谈，不善与人交往，不愿轻易表露内心的想法。所以企业要给他们以充分表达内心思想的机会，并设计一个信息沟通系统，为核心人才营造一个良好的心理环境。

企业核心人才的特点决定了其管理更应趋向于宽松和人性化，强调核心人才的自主管理，同时在激励机制、考核机制、企业文化建设等方面充分考虑核心人才的特点，以更好地激励他们，从而为企业提高创新能力作出贡献。

第三节　企业核心人才能力的评价

对企业核心人才能力进行评价的目的是提高核心人才与关键岗位的匹配度。通过一系列科学评价手段，准确了解核心人才的现有能力水平及发展潜力，避免在人才利用过程中产生主观误差，为相关的人事决策提供依据。

一、确立核心人才能力评价的原则

为了能够达到企业核心人才能力评价的目的，需要在核心人才能力评价的过程中遵循以下原则。

（一）客观性原则

遵循客观性原则有利于评价主体取得共识。核心人才能力评价是“人”评价“人”的工作。在评价过程中，无论评价的方法多么完善，总会出现一些主观判断上的错误，甚至产生偏见。为了使评价结果达到最大程度的真实、可靠、合理及有效，并且为人们所接受，必须坚持客观原则。

（二）实践性原则

遵循实践性原则有利于评价主体从工作过程和实效来评价核心人才的能力，并着眼于结果。实践性原则主要强调核心人才是否把自己的能力用在为实现企业的目标积极履行职责、承担应尽的义务并有所作为、有所贡献上。依据此原则进行评价可以发现企业是否最大限度地发挥了核心人才的自主性和创造性，是否通过协作引导大家积极参与企业活动，并顺利实现企业目标。

（三）系统性原则

遵循系统性原则有利于建立系统性、整体性、层次性的评价指标体系。对于核心人才能力的评价不能局限于单方面，要跳出局部看整体，抛开片面看全面，以一个系统整体的角度综合评价核心人才。

（四）简易性原则

遵循简易性原则有利于建立能够相互区分、互不相容的指标体系，不仅使各个指标能独立地提供评价信息，而且指标信息便于收集，量化的方法简便易行，便于操作处理。

二、企业核心人才能力的评价类型

企业核心人才能力的评价类型有多种划分，不同的划分有不同的标准体系，不同的标准体系有不同的目的和用途。研究了解这些划分，则可根据评价目的构建相应的评价指标体系。

企业核心人才能力评价类型的划分有五种方法。一是按照人力资源管理的目的和用途划分为招聘选拔性评价、岗位配置性评价、考核鉴定性评价、培训开发性评价。二是按照频率划分为日常评价、期中评价、期末评价。三是按照评价结果划分为分数评价、评语评价、等级评价。四是按照评价技术与手段划分为定性评价、定量评价及定性与定量相结合的评价。五是按照评价主体划分为自我评价、专家评价、组织评价等。① 在企业中，经常是几种评价综合应用。

三、企业核心人才能力的评价方法

企业核心人才能力评价方法的选取主要依据评价的目的和类型。目前

① 罗陈，戴欣欣．科技类创业企业核心人才激励研究 [J]. 中国管理信息化，2017，20(7)：91–93.

企业界对人才能力的评价方法主要有能力量表法、德尔菲法、模糊评价法和层次分析法。

能力量表法包括一般能力量表和特殊能力量表。特殊能力量表最常见的是创新能力量表。这些量表的编制既具有一定的科学性，又能很好地保证与企业的实际情况相符合。

德尔菲法也叫专家调查法，应用比较广泛，是邀请专家对各指标的权值进行估值。德尔菲法本质上是一种反馈匿名函询法。其大致流程：在对所要预测的问题征得专家的意见之后，进行整理、归纳、统计，再匿名反馈给各专家，再次征求意见，再集中，再反馈，直至得到一致的意见。这种方法比较便捷，但是受专家先验知识的影响，主观性强。

模糊评价法是一种多因素评价方法。以意念动态作为实际背景，选择适当的模糊数学手段，用定性与定量相结合的方法，对各因素进行评价。该方法具有一定的科学性，但也需要先验信息，而且包含处理不精确或不确定原始数据的机制。

层次分析法是一种定性定量相结合的多准则决策方案评价方法，可将人的主观判断用数量形式表达和处理的方法。在一般情况下，决策者自己可使用层次分析法进行决策，解决了长期难以解决的决策者与决策分析者相分离且难以沟通的问题，大大提高了决策的有效性和可操作性。

第十章　高校毕业生就业创业的人力管理协同

第一节　就业创业指导体系中的人力管理角色

人力管理在高校毕业生就业创业指导体系中扮演着多维度的重要角色，通过需求分析与资源整合、教育与培训、职业规划与发展指导以及桥梁纽带作用的发挥，全方位地推动高校毕业生就业创业工作的顺利开展，提高毕业生的就业创业质量与成功率，促进高校人才培养与社会需求的有效对接，为社会经济发展输送更多高素质的创新型人才。在实际工作中，人力管理部门需要不断提升自身的专业素养与服务能力，积极整合各方资源，创新工作模式与方法，以适应不断变化的就业创业环境与高校人才培养需求。

一、需求分析与资源整合者

在高校毕业生就业创业指导体系中，人力管理扮演着需求分析与资源整合者的关键角色。

（一）需求剖析：精准洞察毕业生诉求

深入剖析毕业生的就业创业需求是基础工作。这涵盖了对毕业生专业技能水平、个人兴趣爱好、职业规划倾向以及综合素质等多方面的调研评估。例如，通过问卷调查、一对一访谈等方式，了解到某高校计算机专业的毕业生，一部分对软件开发方向有着浓厚兴趣且具备一定的编程基础，但缺乏大型项目实战经验；另一部分则对人工智能领域充满好奇，然而仅停留在理论认知阶段，急需相关实践培训与指导。对于有创业意向的毕业生，要探究其创业项目构思、市场调研情况、团队组建需求以及资金筹集计划等。如某创业团队计划开展校园生活服务类应用软件创业项目，他们在技术开发、市场营销以及与学校管理部门沟通协调方面存在诸多困惑与需求。

(二) 资源整合：内外联动构建支持体系

基于精准的需求分析，人力管理部门着手进行资源整合。一方面，整合校内资源。协调各专业院系的师资力量，为毕业生提供定制化的培训课程与讲座。例如，针对有软件开发需求的毕业生，组织计算机学院的骨干教师开设项目实战课程，从需求分析、系统设计到编码实现、测试上线，全程给予指导；对于对人工智能领域感兴趣的学生，为其邀请相关领域专家举办系列讲座，介绍前沿技术发展动态、应用案例以及所需的知识技能体系。同时，挖掘校内的实验室、创业孵化基地等资源，为毕业生提供实践场地与设备支持。如开放计算机实验室，让学生在课余时间能够进行项目开发实践；为创业团队提供创业孵化基地的办公场地、网络设施等硬件资源，并协调相关部门简化入驻流程，提供一站式服务[①]。

另一方面，拓展校外资源。与各企业建立广泛的合作关系，搭建实习与就业平台。通过与各类企业的人力资源部门沟通协商，根据企业的人才需求与毕业生的专业特长，安排学生实习岗位。例如，与知名互联网机构合作，输送计算机专业学生进行暑期实习，让学生在真实的机构环境中提升实践能力，同时也为机构提前选拔人才创造机会。积极引入机构导师资源，邀请机构高管、技术骨干等担任毕业生的创业导师或职业发展导师。这些机构导师能够凭借丰富的行业经验，为毕业生提供职业规划建议、创业项目指导以及行业人脉资源支持。例如，某创业团队在机构导师的指导下，对校园生活服务类应用软件的商业模式进行了优化调整，成功获得了天使投资。此外，人力管理部门还需整合社会培训资源、政府扶持政策资源等，与专业培训机构合作，为毕业生提供职业技能认证培训、创业培训等服务；及时了解政府针对高校毕业生就业创业的优惠政策，如创业补贴、税收减免等，并协助毕业生申请相关政策支持，降低其就业创业成本与风险。

二、教育者与培训者

人力管理在就业创业指导体系中承担着教育者与培训者的至关重要的职能，其多维度的工作内容对高校毕业生的职业发展起着极为关键的引领与

① 陈萍．公共就业与人才服务中的人力资源管理探究 [J]. 今日财富，2024(36):110–112.

塑造作用。

(一) 就业指导

在就业指导层面，精心设计并开展的系统职业素养教育课程犹如一盏明灯，照亮毕业生踏入职场的道路。

1. 职业素养教育

职场礼仪的培训绝非仅仅局限于表面的着装规范与言行举止的修饰，它深入商务社交的各个细节，从正式会议中的座次安排礼仪，到与客户沟通时的恰当眼神交流与礼貌用语，全方位地塑造毕业生专业、得体的职业形象。沟通技巧的训练则通过角色扮演、案例分析等丰富多样的教学方法，使毕业生不仅能够清晰准确地表达自己的观点与想法，更能敏锐地捕捉他人话语中的关键信息，学会在不同场合、面对不同对象时灵活调整沟通策略，从而有效避免误解，提高工作效率。团队协作能力培养更是通过一系列精心策划的团队项目与活动，如户外拓展中的团队求生任务、机构模拟经营中的小组对抗赛等，让毕业生深刻体会到团队合作中相互信任、相互支持的力量，学会在团队中发挥自身优势，协调各方资源，共同攻克难关，以适应现代机构高度协同的工作模式。

2. 形势政策解读

深入且及时的就业形势与政策解读教育为毕业生拨开就业迷雾，指明前行方向。定期举办的就业形势讲座邀请行业资深分析师、机构人力资源高管等作为主讲嘉宾，他们运用丰富的数据、生动的案例，深入剖析当前宏观经济形势下各行业的发展动态，如在数字化转型浪潮中，传统制造业与新兴互联网行业的人才需求结构变化；解读不同专业在就业市场中的供求状况，像随着人工智能技术的迅猛发展，计算机相关专业中人工智能方向人才供不应求，而某些传统文科专业则面临着更为激烈的竞争压力。通过这些讲座，毕业生能够站在宏观视角审视就业环境，合理调整自身的就业预期，避免盲目跟风或过度自负。而对国家及地方政府就业政策的详细解读更是为毕业生开启了一扇扇机遇之门。例如，深入讲解毕业生落户政策中不同城市的落户条件与优惠措施，使有意向在特定城市发展的毕业生能够提前规划，有的放矢地积累相关条件；全面介绍就业补贴政策的申请流程与适用范围，让符合条件的毕业生能够及时获取经济支持，减轻就业初期的经济压力，从而拓宽就业渠道，增加就业选择的灵活性与多样性。

（二）创业指导

在创业指导领域，人力管理部门构建起全面且深入的培训体系，为怀揣创业梦想的毕业生提供坚实的知识与技能支撑。

全面的创业知识培训恰似一座知识宝库，涵盖创业项目策划的各个关键环节，从最初的创意灵感挖掘，到市场需求分析、目标客户定位，再到产品或服务的独特卖点提炼，每一步都有专业的理论指导与丰富的案例借鉴。商业模式设计的培训则引导毕业生突破传统思维局限，运用创新的商业模式画布工具，深入思考价值主张、客户关系、收入来源、核心资源等核心要素的构建与整合，帮助他们设计出具有竞争力与可持续性的商业模式。市场调研方法的教学使毕业生掌握科学有效的调研技巧，如问卷调查的设计与数据分析、深度访谈的技巧与要点、焦点小组讨论的组织与实施等，从而能够精准把握市场脉搏，洞察消费者需求与市场痛点，为创业项目的成功落地奠定基础。财务预算与管理的培训让毕业生了解创业过程中的资金运作规律，学会编制详细的财务预算报表，包括成本预算、收入预测、利润分析等，掌握资金筹集与合理分配的方法，以及风险控制与财务预警的策略，确保创业项目在财务上的稳健运行。法律法规知识的培训则为毕业生筑起一道坚实的法律防线，详细讲解公司法、合同法、知识产权法等与创业密切相关的法律法规，使他们在创业过程中能够依法合规经营，有效防范法律风险，保护自身合法权益。

邀请创业成功的校友或商业精英举办分享会，这些亲身经历者用真实且生动的故事讲述他们在创业项目选择时如何敏锐捕捉市场机遇，在团队组建过程中如何汇聚各方人才，在资金筹集环节如何突破重重困难，以及在应对市场竞争时如何凭借独特的策略与坚韧的毅力脱颖而出。他们的经验分享犹如一把把钥匙，为毕业生打开了创业智慧的大门，激发他们的创新灵感与创业热情。组织专业教师或外部专家开展的创业课程教学则从严谨的学术理论角度，深入剖析创业的各个环节与要素，运用经济学、管理学、市场营销学等多学科知识体系，帮助毕业生构建起完整且系统的创业知识框架，使他们在创业实践中能够有理论依据地进行决策与行动。

此外，极具实践性的创业实践能力培训为毕业生提供了将理论知识转化为实际行动的舞台。通过创业竞赛这一激烈的竞技平台，如“挑战杯”中国大学生创业计划竞赛、“互联网 +”大学生创新创业大赛等，参赛团队在模拟真实商业环境的竞赛过程中，经历从项目构思、商业计划书撰写、团队组建到市场推广、财务运营等全方位的挑战与考验。在这个过程中，他们不仅能够锻炼自身的创新思维、团队协作、问题解决等核心创业技能，还能在与其他团队的竞争与交流中不断优化项目方案，提高创业项目的可行性与成功率。创业项目模拟活动则通过构建虚拟的商业场景，如模拟电商平台运营、模拟餐饮连锁店经营等，让毕业生在高度仿真的环境中亲身体验创业过程中的酸甜苦辣，从产品采购、库存管理、营销推广到客户服务，每一个环节都需要他们精心策划、精准执行，从而在实践中发现问题、总结经验、快速成长。同时，建立的创业实践基地与机构、创业园区等深度合作，为毕业生打造了真实的创业实践战场。在实践基地中，毕业生可以与机构导师面对面交流，获取行业最新资讯与实战经验；可以接触到真实的创业项目与业务流程，参与机构的实际运营与管理；还可以利用基地提供的创业资源与服务支持，如办公场地、设备设施、资金扶持、法律咨询等，将自己的创业梦想逐步转化为现实，在实践中积累宝贵的经验，增强创业的信心与能力，为未来的创业之路奠定坚实的基础。

三、职业规划与发展顾问

人力管理部门作为毕业生的职业规划与发展顾问，为其提供个性化的职业规划指导。

（一）入学规划

在毕业生入学初期，开展职业兴趣测评与职业倾向分析。运用专业的测评工具，如霍兰德职业兴趣测评、MBTI 性格测试等，帮助毕业生了解自己的兴趣爱好、性格特点、优势与劣势，从而初步确定自己的职业方向。例如，通过测评发现某毕业生具有较强的逻辑思维能力、对数字敏感且性格沉稳，适合从事金融、数据分析等相关职业领域。基于测评结果，为毕业生制订个性化的职业规划方案。方案包括短期的学业目标设定，如在大学期间需要考取的专业证书、参加的实践活动等；中期的职业发展路径规划，如毕业后是选择直接就业、考研深造还是自主创业，以及在不同选择下的发展步骤与目标；长期的职业愿景展望，如在未来5～10年希望达到的职业高度与成就等。

（二）成长跟踪

在毕业生成长过程中，持续跟踪其职业规划的实施情况并提供调整建议。定期与毕业生进行沟通交流，了解他们在学业、实践活动以及职业探索过程中的进展与困惑。例如，当某毕业生在实习过程中发现自己原本规划的职业方向与实际工作体验存在较大偏差时，人力管理顾问及时与其沟通，重新评估其职业兴趣与能力，协助其调整职业规划方向，推荐更适合的实习岗位或职业发展路径。同时，为毕业生提供职业发展资源与机会。根据毕业生的职业规划目标，推荐合适的培训课程、实习机会、就业岗位或创业项目资源。例如，对于有志于从事市场营销职业的毕业生，推荐其参加知名机构的市场营销实习项目，协助其申请相关的市场营销培训课程或讲座，为其未来的职业发展奠定坚实的基础。

（三）转型支持

在毕业生面临职业转型或职业发展瓶颈时，提供专业的咨询与解决方案。例如，某毕业生在工作几年后想要从传统行业转型到新兴的互联网行业，但缺乏相关的知识技能与行业经验，人力管理顾问为其制订详细的转型计划，包括学习互联网行业知识技能的途径、如何积累相关行业经验以及如何利用自身优势在新行业中寻找合适的职业机会等。

四、桥梁与纽带

人力管理在高校与外部利益相关者之间充当着桥梁与纽带的角色。

（一）校企对接：促进产教深度融合

在与各类商业机构的联系方面，建立常态化的沟通机制。定期组织机构走访活动，深入了解机构的人才需求动态、行业发展趋势以及机构对高校人才培养的意见与建议。例如，组织高校相关专业教师与商业机构人力资源部门、技术部门负责人进行座谈交流，探讨如何优化课程设置、教学内容与教学方法，使高校人才培养更贴合机构实际需求。同时，及时向机构传递高校毕业生的信息，包括毕业生的专业分布、学业成绩、实践能力、职业规划等情况，为机构招聘提供全面准确的信息参考。例如，建立高校毕业生人才库，通过网络平台、校园招聘会等渠道向机构开放，方便机构查询与筛选合适的人才。此外，协调高校与机构在实习、就业、产学研合作等方面的事宜。推动机构与高校建立实习基地合作关系，共同制订实习计划与实习评价标准，确保实习工作的顺利开展；组织校园招聘会，邀请机构到校招聘毕业生，为机构与毕业生搭建高效的双向选择平台；促进高校与机构在科研项目合作、技术成果转化等方面的协同创新，实现高校人才资源与机构技术、资金等资源的优势互补。

(二)政校联动：落实政策协同发展

在与政府部门的沟通协作中，积极响应政府的就业创业政策号召并协助政策实施。及时了解国家及地方政府关于高校毕业生就业创业的政策法规，如政府鼓励机构吸纳高校毕业生就业的补贴政策、政府扶持大学生创业的资金支持政策等，并向高校师生进行宣传解读。协助政府部门开展各类就业创业扶持项目的申报与审核工作。例如，组织高校毕业生申报政府创业补贴项目，对申报材料进行初审并提交给政府相关部门，确保政策惠及真正有需求的毕业生。同时，向政府部门反馈高校毕业生就业创业过程中的问题与需求，为政府制定更科学合理的政策提供依据。例如，通过调研发现高校创业毕业生在场地租赁、融资贷款等方面存在较大困难，及时向政府部门反映情况，促使政府出台更具针对性的扶持政策，如设立大学生创业专项贷款、建设更多的大学生创业园区等。

(三)校友整合：汇聚资源反哺母校

在与校友资源的对接整合上，建立校友联络网络。收集校友信息，包括校友的职业分布、工作成就、联系方式等，构建校友数据库。通过校友总会、校友分会等组织形式，加强与校友的联系与互动。定期举办校友活动，如校友联谊会、校友讲座、校友创业论坛等，增进校友与母校之间的情感交流，促进校友之间的资源共享与合作。例如，邀请成功校友回校举办讲座，分享他们的职业成长经历与创业成功经验，激励在校毕业生努力学习、勇于创业；组织校友创业项目与在校学生创业团队的对接交流活动，让校友为在校学生提供创业指导、资金支持或市场资源对接等帮助，形成校友助力毕业生就业创业的良好氛围。

第二节　助力毕业生创业的人力管理支持举措

一、创业项目孵化与培育

人力管理在高校毕业生创业项目的孵化与培育过程中发挥着不可或缺的作用。

（一）项目评估：多维度把关筛选

要建立专门的创业项目评估机制。组织专业的评估团队，该团队应包含行业专家、机构高管、投资顾问以及高校相关专业教师等多方面人才。他们凭借丰富的经验和专业知识，对毕业生提交的创业项目计划书进行全面、深入的评估。评估内容涵盖项目的创新性、市场可行性、技术可行性、财务可行性以及团队执行能力等多个维度。例如，在评估一个科技类创业项目时，行业专家会审视其技术的先进性与独特性，判断是否在同类产品或服务中具有竞争优势；投资顾问则会着重分析项目的财务预测，包括成本结构、收入来源、盈利预期以及资金需求等方面，评估其投资回报率和资金风险；机构高管从市场运营和团队管理的角度出发，考量项目的市场定位是否准确、营销策略是否可行，以及团队成员是否具备相应的领导能力、沟通能力和协作能力等。

（二）孵化支持：全方位资源供给

基于科学合理的评估结果，筛选出具有潜力的创业项目进入孵化阶段。

为这些项目提供专门的孵化场地，孵化场地应具备完善的基础设施，如办公桌椅、网络通信设备、会议室、展示厅等，满足创业团队日常办公、会议研讨、产品展示等基本需求。同时，还应提供一系列配套服务，包括工商注册、税务登记、法律咨询等一站式创业服务。例如，安排专业的法务人员为创业团队提供公司注册流程指导，协助起草和审核各类合同，确保创业项目在合法合规的框架内运营；提供财务代理服务，帮助团队进行财务核算、税务申报等工作，使创业团队能够专注于核心业务的开展。在孵化期间，人力管理部门还应积极组织各类创业培训和辅导活动。邀请成功商业领军人物分享创业经验，讲述他们在创业过程中如何应对各种挑战和困难，如何把握市场机遇实现商业实体的快速发展。开展创业技能培训课程，如市场营销策略、品牌建设、团队管理技巧、融资渠道与策略等课程，提升创业团队的专业素养和综合能力。例如，市场营销策略课程让创业团队学会如何进行市场细分、目标市场选择和市场定位，掌握产品定价、促销推广等营销手段；团队管理技巧课程则帮助团队成员提高沟通协作能力、领导力和冲突解决能力，打造高效稳定的创业团队[①]。

（三）平台搭建：多主体交流合作

为创业项目搭建交流合作平台也是人力管理的重要任务之一。组织创业项目之间的交流活动，促进不同项目团队之间的资源共享、经验交流和合作机会挖掘。例如，举办创业项目路演活动，让各个创业团队有机会展示自己的项目成果和发展规划，吸引潜在的合作伙伴、投资人和客户。同时，积极推动创业项目与商业机构、投资机构、科研机构等外部组织的合作与对接。帮助创业项目与相关机构建立供应链合作关系，实现资源的优化配置和协同发展。例如，一个制造类创业项目可以与原材料供应商、零部件加工机构以及产品销售渠道商等建立紧密的合作关系，降低生产成本，提高产品质量和市场竞争力。与投资机构的对接则为创业项目提供了资金支持的可能，投资机构可以对有潜力的项目进行股权投资或提供风险投资，助力项目的快速成长和扩张。与科研机构的合作能够为创业项目提供技术研发支持和创新

① 李凤国．公共就业服务与人力资源市场协同发展探析 [J]. 市场周刊，2024，37（17）：179−182.

资源，促进项目在技术上的不断突破和升级。例如，一个生物医药创业项目与高校科研实验室合作，共同开展新药研发项目，利用高校的科研人才和实验设备优势，加快新药研发进程，提高项目的技术含量和市场竞争力。

二、创业资金筹集与管理

(一) 资金筹集

创业资金是高校毕业生创业项目得以启动和持续发展的关键要素，人力管理在创业资金筹集与管理方面承担着重要职责。人力管理部门要积极协助毕业生拓宽创业资金筹集渠道。首先，引导毕业生充分利用政府提供的各类创业扶持资金。深入研究国家和地方政府出台的创业政策，为毕业生详细解读政策内容，帮助他们了解并申请如大学生创业基金、创业补贴、税收减免等优惠政策。例如，一些地方政府设立了专门针对高校毕业生的创业扶持专项资金，人力管理部门可以组织相关培训和指导活动，帮助毕业生准备申请材料，提高申请成功率，确保符合条件的创业项目能够及时获得政府资金支持。其次，鼓励毕业生寻求天使投资和风险投资。人力管理部门可以利用自身的资源网络，为创业项目搭建与天使投资人、风险投资机构沟通对接的平台。通过举办创业项目融资路演活动、创业投资洽谈会等形式，创业项目有机会向潜在投资者展示其商业价值和发展潜力。例如，邀请知名天使投资人、风险投资机构的负责人参加校园创业大赛的决赛环节，作为评委对参赛项目进行评估和指导，同时也为优秀项目提供直接的投资机会。此外，还可以帮助毕业生探索其他融资渠道，如众筹融资。指导毕业生制订合理的众筹方案，选择合适的众筹平台，通过网络众筹的方式向广大社会公众筹集创业资金。例如，一个文化创意类创业项目可以在众筹平台上推出具有特色的文创产品众筹计划，吸引文化爱好者和投资者的关注与支持，筹集项目启动资金。

(二) 资金管理

在创业资金筹集到后，人力管理部门要协助创业团队进行科学合理的资金管理。建立健全的创业资金管理制度，明确资金的使用范围、审批流程和监管机制。例如，规定创业资金主要用于项目的研发、生产、市场推广等核心业务环节，严禁资金的挪用和浪费。制定严格的资金审批流程，确保每一笔资金的支出都经过合理的审批程序，由项目负责人、财务负责人等相关人员签字确认。同时，加强对创业资金使用情况的监管，定期对资金的收支明细进行审计和公示，接受团队成员和外部监督机构的监督。例如，每月或每季度由专业的财务审计人员对创业资金的使用情况进行审计，并向创业团队成员和相关投资机构出具审计报告，确保资金使用的透明度和安全性。此外，人力管理部门还应帮助创业团队进行资金预算和成本控制。协助团队制订详细的资金预算计划，包括短期和长期的资金需求预测，根据项目的发展阶段和业务目标合理安排资金的分配。例如，在创业项目的初期，将更多的资金投入到产品研发和市场调研中；在项目进入市场推广阶段后，适当增加市场推广费用的预算比例。同时，加强成本控制意识的培养，帮助团队分析成本结构，寻找降低成本的方法和途径。例如，通过优化采购流程、降低原材料采购成本，合理控制人员薪酬和办公费用等，提高资金的使用效率，确保创业项目在资金有限的情况下能够实现可持续发展。

三、创业团队组建与优化

（一）团队组建

一个优秀的创业团队是高校毕业生创业成功的核心保障，人力管理在创业团队组建与优化过程中扮演着关键角色。在创业团队组建初期，人力管理部门要协助毕业生进行团队成员的招募与选拔。首先，根据创业项目的需求和特点，明确团队所需的各类人才角色和技能要求。例如，对于一个科技创业项目，可能需要具备技术研发能力的软件工程师、硬件工程师，具备市场开拓能力的市场营销人员，具备财务管理能力的财务人员以及具备项目管理能力的项目经理等。然后，通过多种渠道广泛招募人才。利用高校的就业指导中心、校友网络、专业招聘网站等平台发布招聘信息，吸引有兴趣、有能力的毕业生和社会人才加入创业团队。例如，在高校就业指导中心的网站上发布创业团队招募通知，详细介绍创业项目的背景、目标、发展前景以及所需人才的专业要求和岗位待遇等信息，吸引本校相关专业的优秀毕业生报名参加；借助校友网络，联系已经在相关行业工作的校友，邀请他们推荐合适的人才或直接加入创业团队，校友的行业经验和人脉资源能够为创业项目带来很大的帮助。在招募过程中，人力管理部门要协助创业团队进行人才的筛选和评估。通过简历筛选、面试、笔试、技能测试等多种方式，全面考查应聘者的专业知识、技能水平、工作经验、团队协作能力、创新能力、职业素养等方面的素质。例如，在面试过程中，除了询问应聘者的专业技能和工作经历外，还可以通过案例分析、小组讨论等形式考查其团队协作能力和创新思维，确保选拔出的团队成员不仅具备扎实的专业基础，还能够与其他成员良好合作，共同推动创业项目的发展。

（二）团队优化

在创业团队组建完成后，人力管理部门要关注团队的优化与发展。定期组织团队建设活动，增强团队成员之间的沟通与信任，提高团队的凝聚力和战斗力。例如，开展户外拓展训练、团队聚餐、文化交流活动等，在轻松愉快的氛围中促进团队成员之间的感情交流，打破部门之间的隔阂，提高团队协作效率。同时，建立有效的团队激励机制，激发团队成员的工作积极性和创造力。制定合理的薪酬福利制度，根据团队成员的贡献和绩效给予相应的薪酬待遇和奖励，包括基本工资、绩效奖金、股权激励等多种形式。例如，对于在项目研发过程中取得重大技术突破的技术人员给予额外的绩效奖金和股权激励，鼓励他们持续创新；对于在市场开拓方面表现出色的市场营销人员，给予与业绩挂钩的高额提成奖励，鼓励他们积极拓展市场。此外，还可以设立团队荣誉奖项，如"月度之星""季度优秀团队成员"等，对表现优秀的团队成员进行公开表彰和奖励，增强团队成员的荣誉感和归属感。同时，人力管理部门要注重团队成员的培训与发展，根据团队成员的个人需求和项目发展需要，制订个性化的培训计划。提供专业技能培训、管理能力培训、职业素养培训等多种培训课程，帮助团队成员不断提升自身能力，适应创业项目不同发展阶段的需求。例如，为技术人员提供最新技术研发培训课程，帮助他们掌握前沿技术知识，提升技术研发水平；为管理人员提供领导力培训课程，培养他们的领导能力和团队管理能力，为创业项目的扩张和发展储备管理人才。通过团队的不断优化与发展，打造一支高素质、高绩效的创业团队，为高校毕业生创业项目的成功提供坚实的人力保障。

四、创业风险管理与应对

高校毕业生在创业过程中面临着诸多风险和不确定性，人力管理在创业风险管理与应对方面具有重要意义。

(一) 风险识别与评估

人力管理部门要协助创业团队进行风险识别与评估。组织团队成员开展头脑风暴会议，全面分析创业过程中可能面临的各种风险，包括市场风险、技术风险、财务风险、管理风险、法律风险等。例如，在市场风险方面，分析市场需求变化、竞争对手策略调整、市场准入门槛提高等因素对创业项目的影响；在技术风险方面，考虑技术研发失败、技术更新换代过快、技术侵权等风险的可能性；在财务风险方面，评估资金短缺、资金链断裂、融资困难、成本超支等风险的危害程度；在管理风险方面，审视团队管理不善、决策失误、内部沟通不畅、人员流失等问题对创业项目的冲击；在法律风险方面，关注合同纠纷、知识产权侵权、劳动法律法规合规性等方面的风险隐患。在识别风险的基础上，采用定性和定量相结合的方法对风险进行评估，确定各类风险的发生概率和影响程度，为制定风险应对策略提供依据。例如，通过风险矩阵图对风险进行定性评估，将风险分为高、中、低三个等级；运用概率统计方法对风险进行定量评估，计算风险的预期损失值等。

(二) 风险应对策略

根据风险评估结果，人力管理部门要协助创业团队制定相应的风险应对策略。对于市场风险，可以采取市场多元化策略，开拓多个细分市场，降低对单一市场的依赖程度。例如，一个餐饮创业项目在主打本地市场的同时，可以通过线上外卖平台拓展周边城市市场，或者针对不同消费群体推出特色菜品系列，满足不同市场需求。针对技术风险，加强技术研发投入和技术创新能力建设，建立技术研发联盟或与科研机构合作，提高技术研发的成功率和技术水平的稳定性。例如，一个科技创业公司与高校科研实验室签订合作协议，共同开展技术研发项目，共享科研成果，降低技术研发风险。对于财务风险，优化资金结构，合理安排资金来源和资金使用，建立财务预警机制，及时发现和解决财务问题。例如，保持适当的负债比例，避免过度负债导致资金链断裂；设定财务指标预警线，如流动比率、速动比率等，当指标低于预警线时，及时采取措施进行资金筹集或成本控制。在管理风险方面，加强团队建设和管理能力提升，建立健全的管理制度和流程，提高决策的科学性和民主性。例如，制定明确的团队成员岗位职责和工作流程，避免职责不清导致的管理混乱；建立决策委员会或智囊团，在重大决策前进行充分的调研和论证，提高决策质量。对于法律风险，加强法律法规学习和培训，聘请专业法律顾问，确保创业项目在法律合规的框架内运营。例如，定期组织团队成员参加法律知识培训课程，学习合同法、知识产权法、劳动法等相关法律法规；与律师事务所签订法律顾问服务协议，在合同签订、知识产权保护、劳动纠纷处理等方面获得专业法律支持。

（三）风险监控与反馈

人力管理部门要建立风险监控与反馈机制，对创业过程中的风险进行实时监控，及时调整风险应对策略。定期收集和分析与风险相关的数据和信息，如市场动态、技术发展趋势、财务报表数据、团队成员反馈等，判断风险状况是否发生变化。例如，通过市场调研机构定期获取市场需求和竞争对手信息，分析市场风险的变化趋势；根据财务报表数据监控财务风险指标的变化情况，及时发现潜在的财务危机。当发现风险状况发生变化时，及时组织团队成员进行讨论和分析，调整风险应对策略。例如，如果市场竞争加剧，原有的市场份额受到威胁，及时调整市场营销策略，加大市场推广力度或推出差异化产品和服务；如果技术研发进度滞后，及时增加技术研发人员或调整技术研发方案，确保项目按时完成。通过有效的风险管理与应对，降低高校毕业生创业过程中的风险损失，提高创业成功率。

结束语

至此，我们对多元化人力资源管理策略的探析即将暂告一段落。在这一探索旅程中，我们深入挖掘了其基础构建、与文化的交融、面临的挑战以及具体的管理策略等多方面内容，也详细剖析了高校毕业生就业与之的关联与协同。

多元化人力资源管理犹如一座灯塔，为企业在复杂多变的时代浪潮中指引方向。通过精准的人才画像绘制、多元化招聘渠道的开拓、数据驱动的管理模式应用等基础构建，打造企业坚实的人才根基；凭借包容性文化的塑造与多元融合实践，赋予企业强大的凝聚力与适应性；借助多元文化背景下的有效应对策略及完善的招聘选拔、培训发展与激励绩效体系，激发企业的创新活力与核心竞争力。

而高校毕业生就业作为人力资源管理体系中的重要一环，与多元化管理相互交织、彼此影响。企业若能充分理解并运用相关策略，将能更好地与高校毕业生对接，实现人才的精准吸纳与培养；高校毕业生也能在这样的管理模式下，找准自身定位，提升就业竞争力，踏上理想的职业发展道路。

尽管本书已尽力呈现多元化人力资源管理的全貌，但该领域仍在不断发展演变。未来，随着社会、经济、文化等因素的持续变化，人力资源管理必将面临更多新的机遇与挑战。希望本书能够成为读者在这一领域继续探索的基石，激发更多的思考与创新，共同推动人力资源管理向着更加多元化、科学化、高效化的方向迈进，为各类企业的蓬勃发展与社会的进步注入源源不断的动力。

参考文献

[1] 任康磊 . 人力资源量化管理与数据分析 [M]. 北京 : 人民邮电出版社 , 2022:23-25.

[2] 任康磊 . 人力资源成本管控 [M]. 北京 : 人民邮电出版社 , 2022:19-21.

[3] 闫培林 . 人力资源管理模式的发展与创新研究 [M]. 南昌 : 江西高校出版社 , 2019:41-43.

[4] 韦祎 . 绩效管理实践与考核工具 [M]. 北京 : 人民邮电出版社 , 2021:58-59.

[5] 李洪英 . 战略人力资源管理与员工绩效 [M]. 北京 : 社会科学文献出版社 , 2018:22-23.

[6] 佟景山 . 人力资源管理绩效考核策略研究 [J]. 中国集体经济 , 2024(33):121-124.

[7] 陈萍 . 公共就业与人才服务中的人力资源管理探究 [J]. 今日财富 , 2024(36):110-112.

[8] 褚富菊 . “互联网 +” 背景下加强公共就业服务人力资源的思考 [J]. 四川劳动保障 , 2024(10):10-11.

[9] 刘文静 . 公共就业服务中人力资源管理策略分析 [J]. 财讯 , 2024(15):49-51.

[10] 李凤国 . 公共就业服务与人力资源市场协同发展探析 [J]. 市场周刊 , 2024,37(17):179-182.

[11] 张慧 . 公共就业服务对完善人力资源市场的作用 [J]. 销售与管理 , 2024(11):48-50.

[12] 郑爱美 . 人力资源管理中员工培训与开发策略分析 [J]. 活力 , 2024,42(20):31-33.

[13] 诸葛益年 . 人力资源公共就业服务对就业的促进作用与强化措施 [J]. 四川劳动保障 , 2024(3):18-19.

[14] 梁丽阳 . 公共就业与人才服务建设新思考 [J]. 人力资源 , 2024(4): 125-127.
[15] 禹铭铮 . 新时代我国提升公共就业服务能力与质量的对策 [J]. 中国就业 , 2024(2):43-45.
[16] 王雁伟 . 人力资源管理在企业可持续发展中的作用 [J]. 全国流通经济 , 2022(18):104-106.
[17] 陈弘峰 . 企业人力资源管理与经济可持续发展 [J]. 商场现代化 , 2022(6):89-91.
[18] 贺伟 , 汪林 , 吴小玥 . 人工智能技术对人力资源管理研究的影响述评 [J]. 中国科学基金 , 2024,38(5):831-840.
[19] 孙昌源 . 浅析人力资源管理中构建和谐劳动关系的优化路径 [J]. 活力 , 2022(12):145-147.
[20] 王薇 . 浅析加强企业人力资源管理与构建和谐劳动关系 [J]. 中国商论 , 2022(5):130-132.
[21] 李云飞 . 构建和谐劳动关系与企业人力资源管理创新分析 [J]. 冶金管理 , 2021(17):195-196.
[22] 张秋雨 . 构建和谐劳动关系背景下的企业人力资源管理 [J]. 人才资源开发 , 2021(10):93-94.
[23] 牛司海 . 人力资源管理创新与和谐劳动关系构建 [J]. 中外企业文化 , 2020(9):189-190.
[24] 赵国龙 , 林新奇 . 数字化趋势下人力资源管理控制的反思与展望 [J]. 北京科技大学学报 (社会科学版) , 2025,41(1):79-88.
[25] 李会娟 . 人力资源管理效能提升的策略研究 [J]. 财讯 , 2024(18): 46-48.
[26] 毛宇飞 , 胡文馨 . 人工智能应用对人力资源从业者就业质量的影响 [J]. 经济管理 , 2020,42(11):92-108.
[27] 李蕾 . 自我管理在人力资源管理中的应用研究 [J]. 商场现代化 , 2024(24):68-70.
[28] 王怡 , 丛培栋 . 绿色人力资源管理对员工绩效的影响研究 [J]. 市场周刊 , 2024,37(31):151-154.

[29] 张雪玲 . 新时代企业人力资源管理的优化途径分析 [J]. 现代商业，2022(27):78-80.
[30] 赵稳 . 共享经济时代人力资源管理创新研究 [J]. 中国集体经济，2022(19):118-120.
[31] 郭慧颖 . 数字化时代人力资源管理优化策略探析 [J]. 改革与开放，2022(6):61-65.
[32] 赵莺惠，杨强强 . 零工经济中的人力资源管理述评 [J]. 经济研究导刊，2022(4):103-105.
[33] 邢潇文 . 新时代背景下企业加强人力资源管理的策略 [J]. 四川劳动保障，2024(9):58-59.
[34] 李蕾 . 企业人力资源管理中的激励机制探析 [J]. 商场现代化，2024(21):98-100.
[35] 陈玉 . 数字化人力资源管理中量表的应用效果 [J]. 现代企业文化，2024(27):134-136.
[36] 刘钧丽，朱风宁，李灿 . 企业人力资源管理数字化创新策略 [J]. 中国管理信息化，2024,27(20):91-93.
[37] 高辉 . 数字经济时代企业人力资源管理发展分析 [J]. 商场现代化，2024(21):101-103.
[38] 王敏 . 数字经济时代人力资源管理数字化转型模式探讨 [J]. 老字号品牌营销，2024(17):230-232.
[39] 范斯倢 . 跨文化人力资源管理策略研究 [J]. 中国集体经济，2024(28):133-136.
[40] 王萍 . 从多元文化的视角创新建筑企业员工人力资源管理工作 [J]. 中外企业家，2013(26):153-154.